怎样沟通才有
影响力
用语言激发他人行动

[美] 本·戴克尔　凯利·戴克尔◎著
(Ben Decker)　(Kelly Decker)
施铁◎译

COMMUNICATE TO
INFLUENCE
How to Inspire
Your Audience to Action

中国人民大学出版社
·北　京·

赞誉

戴克尔切实的沟通方式能帮助每个商人掌握一套关键的沟通技能，从而对行动产生影响。对于这些方法技能，我自己使用了很多年，我也一直非常喜欢这些技能——而这些了不起的想法出现在这本必读书中，真的是太棒了。

——谷歌公司美洲客户解决方案部副主席吉姆·莱辛斯基

我们行为的核心在于与人沟通以及激励人们。我遵从书中的种种方法技能，学到了如何真正地与顾客和客户沟通，并激励他们：先是我学到了这些，接着我的公司也学到了这一切。

——美国斯多里集团主席约翰·埃斯博斯托

本与凯利的沟通方式让人们有了改变自我的勇气——本能地去自我激励，最终也驱使着自我的行为。

——美林财富管理公司总裁约翰·希尔

一旦学习了《怎样沟通才有影响力》之后，每个大大小小的商业领导者都会产生更高的效率。我自己也见证过种种结果，不管是职业领导人还是个体商业主。

——Youtube 内容与商业运营总裁罗伯特·金塞

使用戴克尔方法最令人震撼的，是让我们组织思想，并以与观众产生情感互动的方式来展示自己的思想，把最难传达的信息人性化。最让我开心的是，这些方式让我始终能随心所欲，不论我的观众是 12 人还是 200 人。

——史赛克医疗机构副主席与总经理迈克尔·卡特尔

如果您有兴趣让自己的领导力再上一个台阶，那么您就应该读一下这本书。这本书充满着种种新思想，但读起来却很有趣，也很容易读懂。

——嘉信理财投资者服务部执行副总裁约翰·科勒登宁

本书中的方法能够将一位尴尬的演说者转变为一位强有力的沟通者。我了解这个事实，因为我亲眼所见。戴克尔团队使用一些关键的原则，将不自然与杂乱的演说转变为活力十足的互动的谈话。如果你想要提高你的沟通技能，你就要从这本书开始。

——麻省理工学院斯隆管理学院营销学教授邓肯·西梅斯特

戴克尔的书精彩绝伦。本书给出了最新的成功原则，即演说的两种关键因素：行为与演说内容。我爱“戴克尔框架”！我无时无刻不在使用它。

——高乐氏公司电子商务副总裁林恩·布朗

推荐序

成为一个伟大的沟通者

我曾对一群非营利组织的领导者发表演说——那是在午餐过后，而这是任何演说者都会惧怕演说的时刻。在房间的角落里，我看见一位年长的绅士双手抱在胸前，双眼紧闭，嘴巴张开着——估计马上就要打呼噜了。我没办法，只能微笑以对。

但当我看到第二个人双目下垂的时候，我的微笑开始消失了。接着，听众开始拿出手机。房间里的人就像草原犬鼠那样一个个拿出手机。也许他们是迫不及待地要想分享我作为演说者所具有的智慧？让人难过的是，事情并不是这样。我已经失去了这些听众。很快我就发现自己是在与整个房间的“前额”说话，心里却在想着该如何重新获取他们的注意力。

你正拿着的这本书是避免“前额时刻”的绝佳工具。戴克尔夫妇为我们写了一本沟通指南，让我们能够激励听众。

如果你不了解戴克尔夫妇的工作，现在你就该了解一二。我们自2009年就认识本与凯利，我们基于自己的著作《坚持到底》与他们一起创建了一个课程，这个课程在《财富》500强的数十个公司里进行了讲述。

36年来，本的父亲博尔特所创建的戴克尔沟通咨询公司的员工，作为精英指导，为一些全球顶级的领导者与高管提供了服务，帮助他们准备重要的演说或推介会。在美国硅谷，如果你所在的高科技公司的首席执行官要在消费电子展上发表主题演说，你知道你最好马上给戴克尔打电话。

从戴克尔那里获得演说的建议就像从菲尔·杰克逊那里获得打篮球的建议一样。因为他们对于所在的领域了如指掌，并曾与领域内最优秀的人一起共事。以下是你在之后读到的章节中需要重点留意的内容：

- 执行官的故事，他对自己在视频中的表现惊讶不已，甚至怀疑这是不是真的（我也是这种情况吗?）。
- 演说者失去听众最常见原因的探讨。
- 为什么一位执行官在发表高姿态演说时要承认她在自己的驾驶证上存在欺骗行为?
- 为什么你在讲话的时候一开始不能说一些“花言巧语”?
- 如何运用一种简单框架彻底改变你准备演说的方式?

本书中我们最喜爱的一个故事，是一个毫无头绪的销售代表发给凯利的一份语音留言。那是一份千篇一律的销售说辞，很糟糕，因此很可笑。但戴克尔夫妇将其分享出来，并不是要嘲笑这位销售代表；他们的目的是为了对他的思维进行转型。转变“之前”与“之后”的故事都很棒，我们可以看到那位销售代表可以重新修改他的销售说辞来建立情感共鸣。（我们希望那位销售代表购买戴克尔的这本书——他就可以将其提成翻好几倍。）

本书告诉我们，成为一位伟大的沟通者，只需要做好两点：一是制定一个不错的行动方案，二是大量的实践。让我们翻开本书，来开始自我的转变吧！

奇普·希斯与丹·希斯

《纽约时报》畅销书《坚持到底》作者

目录

引言　为什么需要影响力？

当你在思考强有力的商业沟通时，你不太会想到军队。那是因为军队的长官们可以向招募的战士们狂吼出他们的命令，而他们也会听到一个“是！长官！”的回答。

我在几个军区的工作中发现，想要自己的演说从提供信息转变为产生影响力的过程总是有趣的。毕竟，军队有着其特有的军衔等级结构以及对命令的严格服从，所以在军队里，信息能很好地转化为影响力。那么影响力在这种环境中发挥着什么样的作用呢？我们曾经就此问题问过一位在美国海岸护卫队中服役的见习长官——特别是他对命令如何做出回应。

他回答道：“这里是军队。上级怎样说，你就得怎样做。但我能对你说的是，当我了解到我的上级长官的感受，或者为什么我应该执行他的命令时，我就会做出不同的反应，或者以某种不同的动机来做出回应。这样的命令给我的感觉就不仅仅是一个命令了。”

见习长官的反应从“我必须”转变为“我想要”，其原因是他的上级长官创造了一种不同的沟通体验。即使是在军队中，人与人之间的情感共鸣也蕴含着巨大的力量与机会。

诚然，权威是产生影响力的一种方式。这是毋庸置疑的。但这也同样让人感到厌烦，因为这也意味着专横与独裁。我们要促使你不用自己的职位级别去强制他人采取行动，我们要让你超越这个阶段。

在工作中、在学校里、在家庭里、在我们的社区中以及在体育场上，我们所有人都有着不用权威而用影响力去领导他人的大好机会。事实上，我们能够让自己的影响力再上一个台阶，并设定一个更大的目标去激励他人。

我们的听众渴求受到演说者的鼓舞。让我们来面对这个现实：当自己是一名听众时，自己同样也想要被激励。我们总是会听到没完没了的数据、事实与各类统计数字。我们对此应接不暇，而我们更希望能听到别的什么。我们对演讲者的信心每况愈下，我们的注意力开始分散，而我们渴求着周围能有激励我们的东西，来促使我们参与其中，去相信，并激励我们行动。

西蒙·斯内克在他的著作《从“为什么”开始》中写道：“在我们这个世界上有许多领导者，也有许多被领导者。领导者拥有权力或影响力，领导者激励我们。不论从个人方面还是组织方面来讲，我们追随这些领导者并不是我们必须被领导，而是我们想要被领导。我们追随这些领导者，不是为了他们，而是为了我们自己。”

为我们自己

你的听众中的每个人都在思考，“你可以为我做些什么？这一切与我又有什么关系？”然而这里面却隐藏着一个巨大的机会（而我们中的许多人都忽略了这个机会）：影响他们的机会。在本书中，我们将向你介绍“沟通者蓝图”，专门为你的沟通体验进行导航，并让你在这种体验中一帆风顺。你将学到如何与你的听众中的一些人建立情感共鸣，向他们提供与他们相关的信息，而这些信息是他们无法忽视的。我们将督促你不再拘泥于用常规的提供信息的方式去演说，而是采取全新的方式去娱乐、指导与激励听众。

这是一本讲述“说话”的书。或者更确切地说，这是一本讲述在说话的过程中进行沟通的书。你可能认为自己不是一位公共场合的演说者，但其实我们认为：完全的所谓私人谈话其实是不存在的！诚然，我们不会总是拥有正式演讲的机会，但我们每个人每个星期、每一天都会相互沟通许多次。我们总是在相互沟通，而且我们每天都能够练习这些沟通法则。即使我们是在电话中或走廊上谈话，我们都能够意识到我们为自己的听众所创造出的沟通体验。但大多数时候，我们却对此不屑一顾。

本记得他初次进行沟通指导时的一个顾客——我们称这位顾客为埃里克。老实说，埃里克的书本知识非常扎实。他拥有常春藤盟校计算机科学学士学位、哈佛大学法学学位，还是哈佛商学院的MBA。他在美国三个州的律师界得到认可，同时还是一个全球金融服务集团的资深高管。

当本知道自己将要指导埃里克时，他感到非常不安：“我自己不是什么牛人，我如何能提升这个牛人的价值？”但在与埃里克的一次面谈之后，本对埃里克为什么需要指导非常清楚了：在沟通方面，埃里克非常糟糕。

本对埃里克的第一印象是，埃里克对人太过冷漠与冷淡。但在本后来对埃里克进行指导的一些时间里，他意识到了自己的第一印象是错误的。埃里克对别人并不是真的冷漠与冷淡，而是他在与人相处的过程中总是有点生硬与不自在。本对埃里克有了很多了解之后，发现埃里克实际上是一个不错的人。现在本所面临的挑战便是帮助埃里克，让他不错的内在被大家了解。因此，本开始研究埃里克的行为方式——特别是埃里克的笑容、眼神交流与各种肢体动作。埃里克很热切地学着，而本见证了埃里克在演说能力上的飞速提高。但是这种转变并没有因此而停止。

几个星期之后，埃里克公司的另一位高管问道："你到底对埃里克做过了什么?"

本有点担忧地回答说："你说什么？我没听懂你的意思。"

那位高管说道："埃里克现在完全是另一个人了，他整个人都变了。"

"你的意思是，他现在是更好的演说者了吗?"

"我是说他整个人都变了。他似乎更具有魅力了——更加温和与友好了。更让人喜欢了。"

埃里克已经将他所学到的东西融会贯通了，并应用在各方面。埃里克将自己的改变不仅应用在正式的推介会与演说中，而且应用在他的日常谈话与所有与人相处的过程中。大家都非常喜欢全新的埃里克。

这就是影响力。当你能得到这样的回馈，你也会觉得自己的努力是值得的。

读者需要使用我们在本书中提供的“沟通者蓝图”并结合其他各种工具，时刻留意自己所创造的种种沟通体验。如果你想要的话，你就可以实现沟通上的转变。一开始，你的目标也许只是成为一位更好的演讲者，但你很快就会发现你在自己所处的组织中正在成为一位更好的领导者，成为婚姻中更好的伴侣，对孩子而言更好的父亲或母亲，对你的朋友而言更好的朋友。你在一个全新的平台上产生影响力。

你还在等什么？

商业沟通不尽如人意，但希望总是有的。事态不会总是这样发展。我们所处的环境以及我们的听众都要求这种状况能够改变。对伟大的沟通者的要求也到了迫在眉睫的时刻。现实中有着太多的东西需要改变，要启动更多的新思想新观念，并建立更强烈的情感共鸣。不论你是技术型企业的产品经理，还是保险公司的包销中介，或是金融公司的客户关系经理，你都必须要驱使你的听众去行动，并激励他们去改变。

36 年来，戴克尔沟通咨询公司一直都是业界的领头羊，它帮助了许多商业领导者以更具影响力与情感共鸣的方式去沟通。我们指导的大多数公司都是具有实战基础的，而且几乎都是亲身证明的。我们使用了两种基础：视频反馈与私下指导。我们公司的任务是，通过识别沟通者的处境与他们目标之间的差异来转变其商业沟通的现状。接着我们会向他们展示如何达到这种目标。在本书中，我们将会论述这种实战方式，这样你也可以达到这种目标。

我们无法控制的挑战是，你是否愿意去改变？你是否愿意转变你的思想观念？你是否能改变你日常的沟通方式？你是否能提高你的意识，去体会其他人所能看到的东西？因此，沟通的大部分内容便与个人习惯相关联——挑战自我并勇于承担风险。本书中的许多观点听起来有占冒险，你也许还会觉得将其付诸实施很疯狂。但如此你也能够收获良多。我们的希望是，本书将能够鼓励你实现这种飞跃，这样你也将在影响你的听众与激励他们行动的过程中获得巨大的回报。此时不行动，更待何时？

第一章　商业沟通不尽如人意

"信息"与"沟通"这两个词通常是可以相互转换的，但它们却代表着截然不同的事物。信息是一个传递的过程；而沟通则是内在的融通过程。

——西德里·J·哈里斯

2012年，玛丽莎·梅耶尔执掌雅虎以后，很快成了一个家喻户晓的名字与业界的标志。

所以，当她在戛纳莱昂国际创意节上发表演说时，全世界的业内人士都焦虑地等候着。戛纳莱昂国际创意节是来自94个国家的12 000位广告与媒体创始人与高管举行的聚会，他们代表了数十亿美元的广告收入。在这种大场合上发表的各种演说要重点突出某个企业在整个一年中所取得的最重大的成就，而且演说者需要向听众们就广告创意的未来发表激奋人心与引人深思的讲话。毕竟，这是创意的盛宴。但梅耶尔的演说却未能达到这种效果。

梅耶尔在现场没有与观众建立起情感共鸣。创意节上的其他演说者通过即兴发挥以及听众的参与而创造了激动人心的沟通体验，而梅耶尔却死板地站在小讲台后面，读着讲词提示器大屏幕上显示的事先准备好的演说稿。她的表现是生硬的、具有强迫性的而且是过于迎合听众的。

更糟糕的是，她事先准备好的演说稿也未能与听众建立起情感共鸣。演讲内容一点也没有激励听众，所表达的一切也未能引发听众的思考。事实上，她的整个演说就好像是雅虎销售活动的宣传腔调。在戛纳莱昂国际创意节上，听众会期待演说者是一位思想上的领导人，而非公司或品牌的领导人。之后，梅耶尔持续受到媒体的非议。《今日美国》的商业记者劳拉·佩特雷卡表示："雅虎首席执行官玛丽莎·梅耶尔在戛纳莱昂国际创意节上周二的演说中强卖自己的公司。"

玛丽莎·梅耶尔错过了两次关键机会。其一，虽然她一直在讲话，但她错过了启发听众的机会，未能与听众建立起真正的情感共鸣，从而让听众信任自己；其二，她错过了超越雅虎销售活动的宣传腔调与信息灌输，并更大程度对听众产生影响力与激励的机会。她本可以去改变听众，让听众感到兴奋，直到身体上的汗毛直立。她最致命的错误是她的演说都是围绕自己而不是听众进行的。

这让她的职业生涯走到尽头了吗？没有。那么她赢得了新的粉丝或获得了国际听众的认可了吗？也没有。

但这里的重点不是关于玛丽莎·梅耶尔，也不是关于大的名声、大的国际节或一个大的机会。它与我们日常的沟通交流相关——早上的闲谈、每季度的员工大会、年中代表大会、每周销售总结会、行业会议、客户见面会与每季度的商业回顾。我们对待这一切的方式，与玛丽莎·梅耶尔在戛纳莱昂国际创意节上的表现如出一辙。我们仅仅是倾吐出了我们想要提供的信息，以及我们必须要提供的信息，但却错过了影响与激励别人的机会，甚至是错过了创造些许轻松气氛的机会，因为我们并没有在意自己所创造的沟通体验，尽管我们提供了满载事实、统计数据、事态发展与行动要点的信息。

我们不屑于建立情感共鸣，因为这太难了，或者是因为我们根本就不敢这样做。我们没有刻意地去影响别人，因为我们还不能满足听众的期待，不能提供他们想要的与需求的东西。我们没有展现出具有感染力的激情来激发他人的行动。相反，我们仅仅是提出了支持自己观点的议程与逻辑论据，从而就期待我们的听众遵从这些观点。我们凭借短浅的目光期望别人接受我们所表达出的信息，并据此采取某些行动。以这种方式与人沟通，我们就会永远找各种理由来解释商业沟通为何不尽如人意。

那么就让我们来改变这一切！首先是要承认自己确实有问题。我们常用五种自欺欺人的谎言来安慰自己在沟通方面可能不会太差。

自欺欺人的谎言 1

“只要我说出了这些话，别人就能够理解。”

回想一下你最近向你的领导、你的职员、你的顾客或客户表达的信息。你在构思你的信息内容与练习信息的表达上所花费的时间比例是多少？如果你与那些接受我们指导与培训的人一样的话，那么你可能至少要花费99.9%的时间来准备你讲话的内容。如果你想表达一个观点，你会进行准备或建立一个详细的框架（也许还会标记很多着重号），对细节进行整理，接着对数据与论证点进行分类，再接着仔细地推敲如何过渡，而最后则准备最关键的一步——幻灯片的制作。最后，你所要做的便是一步不差地按照准备的这些信息进行表述。

让我们停下来稍作思考。在会议的过程中，有多少次是因为发表讲话的人过于单调乏味而让你无趣？

也许他讲话的口气死气沉沉，毫无语调变化，或是他说话的声音让人觉得他过于紧张，或是他在说话时不停地搓着自己的双手，或是他在说话的过程中不够自信，总是犹豫不决，我的意思是，说话时总是嗯嗯啊啊的。

你的演说与你不得不进行的会议之间的差异是什么呢？毫无差异。演说人就是你自己。你有着创造沟通体验的习惯，我们都有这种习惯。我们创造的沟通体验要么与听众产生情感共鸣，从而让他们参与到与你的互动中；要么让听众失去兴趣，对你说的话爱听不听的样子，并开始做自己的事。

当然，演说内容是沟通体验的主要部分，但对于沟通最普遍的错误理解是认为“沟通就是用言语去表达”。沟通不仅仅是言语的表达（不论这些言语是显示在讲词提示器上还是用详细框架表示）；沟通是你所创造的体验。依赖于事先准备好的演说稿并不能帮助你什么，特别是在讲词提示器出问题的时候。

迈克尔·贝伊是一位非常成功的电影导演。他的卓越成就包括1998年的《大决战》、2001年的《珍珠港》以及从2007年至今仍在拍摄的《变形金刚系列》。作为一位导演，贝伊懂得他的工作便是为观众创造一次体验。我们应该告诉他，他作为演讲者也该如此。

2014年1月6日，迈克尔·贝伊登上了在美国拉斯维加斯举行的为期五天的消费电子展的讲台。在三星电子高管乔·斯丁兹亚诺的陪同下，贝伊的工作是帮助三星电子发布最新产品——105英寸超高分辨率的弧形电视。贝伊面对着成百上千的技术专家与记者开始讲道："我作为一名导演的工作是为了生活而梦想——"接着他停了下来并开始紧张地搓着自己的双手。随之而来的便是尴尬的一阵沉默。

斯丁兹亚诺为了帮他圆场，问了他一个有关电影制作的问题。贝伊说道："我创造了超越每个人正常生活体验的视觉世界，而好莱坞是一个让观众逃离现实生活的地方。我作为一名导演，我想做的是试图……"

他陷入了沉默。他的脸上浮现出痛苦的表情，他叹了口气，转过身背对着听众。接着他又转过身来面对着听众说道："文稿全部都消失了，抱歉。我得临场发挥。"

斯丁兹亚诺激励着他继续往下说。

贝伊再次说道："我想带着观众进行一次情感上的旅程，而且，呃……"他再次陷入到沉默中。

"弧形电视？"斯丁兹亚诺说道，"你认为弧形电视屏幕将如何影响观众对你的电影的体验？"

“对不起，”贝伊说道，“我很抱歉，抱歉。”接着他转过身并走下了演说台。

“好吧，”斯丁兹亚诺说道，“女士们，先生们，让我们感谢迈克尔·贝伊参与我们今天的谈话。”

在这间人人都感到惊诧的房间里响起了零星的尴尬掌声。

迈克尔·贝伊之后在自己的博客中写道：“讲词提示器上的讲词消失了……我也离场了。我想现场秀不适合我。”

这就像是一次火车事故。看着迈克尔·贝伊在听众面前不知所措，这让我们感到很痛苦。这次现场秀对三星电子而言是一次代价高昂的败笔——而对迈克尔·贝伊而言，他更是付出了沉重的代价。他在演说台上被彻底挫败的事实被网络新闻媒体不停地播报着，不断地蔓延着。我们讲这个故事并不是指责他。就像公众眼中的许多人——表演者、企业高管、政治家与其他一些人——一样，他试图依赖讲词提示器屏幕来发表预先准备好的演说。三星电子与消费电子展的主办人肯定也告诉过他，“你不用担心。你所要说的话都会显示在讲词提示器上。一切都会顺利的。”

你可能会想：“幸好我不使用讲词提示器!”但我要告诉你：讲词提示器不是问题的症结所在。

纵观全世界，但凡在股东室与会议上使用讲稿大纲时，都会出现上述同样的问题。最近这个问题则出现在卡尔琳身上，因为卡尔琳的经历作为《财富》100 强公司高管发展项目的一部分，因此她成了我们的一个客户。她所在的团队需要向公司的首席执行官与高管同僚们发布项目研究结果与建议。在最终的排练中，卡尔琳开始读着自己准备得天衣无缝的讲稿，但接着却不知道该如何进行下去。与迈克尔·贝伊一样，她尝试要临场发挥，但就不知所措，最后很快无奈地抬起了自己的手表示作罢，便离开了房间。

当你过度依赖讲稿（或者依赖着重标记的地方或依赖于讲词提示器或一份演说大纲）时，你仅仅考虑了沟通的一个方面。你的精力都集中于你演说内容的特定词语与顺序，从而导致你只见到树，却忽略了整片森林。

你也会在商界之外看到这类情况的发生。我们来看看奥斯卡金像奖颁奖演说的情况。在颁奖典礼上，那些完全读出来的演说与发自内心的演说之间存在着巨大的差异。当一位奥斯卡金像奖获得者念出一连串的名字，接着向台下扫视并匆忙说出“谢谢你”时——谁知道有没有人被漏掉——好像自己的名字被提到是非常荣幸的事情，而不是听到演说者说出一些发自内心的感谢。相比之下，当获奖者讲述自己的种种故事时，你就会受到情感上的震撼，如 2014 年加利德·雷托讲述的有的人帮他获得成功而做出种种牺牲的故事，如 2013 年休·杰克曼讲述的有人说服他脱离危险的时刻，如 1999 年吉妮斯·帕尔特洛讲述的“一位英俊的男人与一位让人捉摸不透的代理”都可以相辅相成的故事，如 2014 年卢比塔讲述的第一位有助于她的事业发展的贵人的故事，或者是 1985 年莎丽·菲尔德讲述的虽然第一次她对颁奖毫无感觉，但这一次得到奥斯卡金像奖的认可让她感觉很棒的故事。这些故事都是他们发自内心的真情流露，人们就会感到与众不同。

现实解读

现在我们不能再依赖讲稿，不能再过于重视演说内容，而要注重与听众的情感共鸣。这种沟通体验会超越讲稿所传递的信息。而这些信息会通过你传递出去。

自欺欺人的谎言 2

“当我讲话时，我就是伟大的。”

许多人在公开演说与私下谈话之间进行了错误的区分。他们认为公开演说是一种表演行为，就是在舞台上扮演角色。但是我们为什么要将公开演说归为沟通行为的单独类别呢？现实生活中存在“私下演说”吗？当然不存在——除非你是在自言自语。即便你是在跟另外一个人说话，那么你的说话行为就具有公开性。

因此，不要认为向听众的演说是一种表演，是你扮演的一个角色。我们要把你的演说当作是一次谈话，我们要在这样的谈话中发自内心地、完全地与你的听众产生共鸣。在你说话的过程中，你展示真实自我的能力可以让你、你的听众、你的组织或事业都与众不同。伟大的沟通者在任何时候都展现着真实的自我。这种层次的真实沟通拥有着力量——甚至拥有着让失败者成为成功者的力量。

让我们分析一下：在过去的四次美国总统大选中，败北的候选人都很做作，不自然，也就是说他们在正式竞选中的表现与平日的性格行为有着很大程度的不同。

在这些总统竞选中，乔治·W·布什分别在2000年和2004年与艾尔·戈尔以及约翰·克里进行了较量，而巴拉克·奥巴马分别在2008年和2012年与约翰·麦凯恩以及米特·罗姆尼进行了较量。不管你是支持民主党还是共和党，我们先抛开党派政治不谈，来看看这些对手之间的关联，以及他们精心控制与呆板的形象如何影响了他们的竞选活动。

2012年总统大选前三个多月，政治专栏作家麦吉·哈伯曼发表评论说："投票人也试图要与候选人建立个人的情感共鸣——人们都想和乔治·W·布什喝上一杯啤酒，而比尔·克林顿能够感受到投票人的痛苦。"

艾尔·戈尔在《周六夜现场秀》上的表现给人的感觉是，他这个人没有个性，缺乏活力，就像是拿着讲稿在念一样，这样的表现使得他的整个竞选过程都让美国人感到乏味。哥伦比亚广播公司的新闻人鲍勃·斯奇斐在讲到戈尔（2000年败选）时表示："在我所认识的人当中，从来就不会有日常的行为与我们在电视上所看到的行为有那么大的差别。在电视上，戈尔让人感觉很生硬，一切都是编排好的，但在日常生活中，他是充满智慧的，谈吐也妙趣横生。"选举落败后的戈尔成了捍卫环境的斗士（曾参与制作环保纪录片《难以忽视的真相》）、一位非营利组织倡议者以及潮流电视台的创始人。

当约翰·克里在2004年参加竞选（并败选）时，公共广播公司记录系列节目《前线》采访了对克里非常了解的一些人。采访记者向克里的大姐佩吉提问，真正的约翰·克里是否也像他经常在电视上出现的那样"盛气凌人"？佩吉·克里回答道："一旦你了解了约翰，你会觉得他真的是一位很体贴、思想开放也很风趣的人。"

问题是很少有人了解他是那样的人——甚至那些亲自与他接触过的人也不了解。普利策奖得主、记者大卫·S·罗德曾这样评价约翰：“当你初次与约翰·克里见面时，你会感觉他和电视里所表现的一样生硬、尴尬与盛气凌人——一位桀骜不驯与出尔反尔的马萨诸塞州贵族，在2004年的总统大选中输给明显可击败的乔治·W·布什。”前电视主持人凯西·科奇勒在约翰·麦凯恩2008年竞选总统败北4个多月前就写下了约翰·麦凯恩的政治生涯墓志铭：“在与约翰·麦凯恩私下交往和一般的采访与演说时，他都能够即兴地表达自我，从这个方面来讲，他与奥巴马一样拥有魅力。他妙趣横生，为人谦逊、真实、友好而且专注。”科奇勒讲道，但让他在听众面前发表事先准备的演讲时，“你就会发现他身上的那种自然魅力消失了”。许多评论员都注意到，麦凯恩的败选演说可能是他政治生涯中最好的一次演说——当他输无可输，而且没有竞选团队告诉他说什么与怎样说时，他发表了一次轻松且谦逊的演说。

在2012年的总统大选中，米特·罗姆尼与他的竞选团队特意决定要向听众隐藏真实的米特。罗姆尼做过很多好事，从事过慈善事业，帮助过需要帮助的邻居，而且拯救过他人的生命——但他的竞选团队把罗姆尼的种种故事隐藏了起来，因为担心这些会让投票者想起罗姆尼的摩门教信仰。许多了解罗姆尼的人会将他描述为很体贴的一个人，而不是投票者在电视上看到的那位呆板的罗姆尼。

从情理上来讲，所有这些总统大选都是非常相似的（2000年布什与戈尔的竞争实际上最后成了听天由命）。如果四位败北的候选者中的任何一位能意识到这样一个道理——“隐藏真实的自我”会让很多人远离自己，因此要展示真实的自我，那么这些大选中的任何一次就会是另一种结果。

当商业领导者发表正式的演说或举行推介会时，我们也能看到同样的情况。这些商业领导者会表现出一副“高管”的姿态，同时他们的举止中规中矩，非常机械。结果，他们未能与听众建立起情感共鸣。而在这种情形下，他们也失去了听众的信任。当你将这种正式的推介会与随意的质检会议进行对比时，你会发现，同样的一个人，在随意的质检会议上，他通常会让人喜爱，与听众互动，并能建立情感共鸣。当你表现的是你自己时，你才是伟大的，不是当你“讲话”的时候。事实上，一种好的“红旗测试”要看一个人在台上与台下时真实性水平之间的差异。

现实解读

在任何时候都要展示真实的自我。听众们需要看到与听到真实的你，这样他们才能够拿定主意是否相信你。那些最棒的沟通者不会因为场景的不同而改变自己。他们可能会在演说台上调高或调低自己讲话的音调，并采取夸张的行为，但他们总是会展示一如既往的真实的自我。这意味着我们不能“生硬地演说”，而要展示自己自然的，并非无懈可击的以及人性的一面。

自欺欺人的谎言 3

“我不需要准备演说稿，我能够即兴发挥。”

我们中的许多人都备有一份 Outlook 日历，上面的日程都排得满满的。要为下午3点的会议做准备似乎有些困难，因为整个一天都在忙碌，根本就没有时间让我们那样做。我们都有过类似的经历。结果呢？我们就养成了即兴发挥的习惯。我们作为公司领导人还是很幸运的，因为我们通常都能够应付得来。但是，完全不准备与一点点专注之间的差异，会超过这两者加起来的效果之和。

3月份，本接到了顾客的一个电话——我们称这个顾客为斯蒂芬——他正在为公司的年度品牌会议做准备，这个会议是能为公司创利数百万美元的大事。“今年，我们公司将超越我们以前所取得的所有成就与业绩。我们要在纽约建造一个新的会场，比以前拥有更大的知名度，格莱美获奖人为我们表演，知名演员与制片人为我们做推介会。现在我们需要确保的是，公司所有的高管都要奋勇直前!”

本与斯蒂芬开始用幻灯片演示为这次下了大赌注的纽约大事件的演说内容。当他们演示完所有信息之后，他们计划举行一系列的后续会议来进一步改良达成目标的种种要求，然后去实践，实践，再实践。正当他们颇为满意地结束会议时，本向斯蒂芬问道，你是否还有别的什么安排？

斯蒂芬说道：“哦，我要去参加在加州纳帕谷的太阳酒店举行的一次非正式聚会——但这是公司内部的一个活动，没什么大不了的。我不会为此准备什么。我会把我的议程简单地说一下，很快走一下过场，把我的观点说清楚，这样就可以了。”本一听到太阳酒店就开始认真起来了，因为太阳酒店是世界上顶级酒店之一。这里可不是举行那些“没什么大不了的”会议的地方。本又问了斯蒂芬一些其他问题：哪些人会参加这个会议？这个非正式聚会的目的是什么？投入是多少？

“呃，参会的人都是我们公司的高层领导，”斯蒂芬讲道，“公司的发展战略要做出重大调整——可以说公司目前的发展方向会有一个 90 度的大转变。我们需要调整我们的领导层，从而适应一些关键性的新方法新措施。而对于投入的本钱——你能问到这个是很有趣的，因为投入是非常大的。我们需要每个人都能够参与其中。”

“如果你实现不了每个人的参与，那该怎么办？”本问道。

斯蒂芬一下怔住了。“我真的还没有想那么远。你问的问题越多，我就越意识到这个小小的纳帕谷非正式聚会和影响公司未来发展的纽约大品牌会议一样重要。”

“这次非正式聚会什么时候举行？”

“三天后举行。”

“好的，那我们最好现在就要开始准备了。”

斯蒂芬与我们许多人一样，只有当投入的本钱很大时，才会将注意力集中到沟通上。那么是不是只有在具备霓虹灯与大舞台的情况下才值得我们准备呢？从来就不会有成千上万的听众激励你去做准备。而且，我们也正在错过在其他场合影响与激励听众的种种机会。我们每一次与人交往都是一次机会，都值得我们花工夫去认真沟通。当下次的内部会议准备举行时，斯蒂芬不再说“没什么大不了的——很快走一下过场就可以”的话了。

《哈佛商业评论》编辑托马斯·A·斯图尔特用另一种方式对此进行了表述：“一位领导人所做的任何事情都具有象征意义。他所做的一切都会被放大。通用电气有一个流行的玩笑，‘如果公司主席要你给他来一杯咖啡，某些人就可能出去把巴西买回来。’”你要记住，不论投入的本钱是多还是少，你无时无刻不被别人关注。

如果你事先不做任何准备，或者未能给予足够的重视，你就可能无法对人们想要看到与听到的产生沟通效果，而你也将错过从提供信息转变到产生影响力的种种机会。

> **现实解读**
>
> 你每时每刻都在与人沟通，所以进行事先准备是非常值得的。不能把好的沟通行为仅局限于大事件上。良好的沟通习惯适用于非正式的领导层聚会、每周的咖啡点心员工会议、本地牛排餐厅里的工作午餐，甚至办公大楼大厅里的即兴闲聊。（好消息是，这种准备将会变得非常简单。我们会为你提供简单与快捷的工具来帮助你每次准备与制定要传递的内容。如果你想马上了解这些工具，请把书翻到第六章。）

自欺欺人的谎言 4

“人们跟我说，我很擅长讲话。”

我们家有三个孩子，都是男孩，你能够想象得到，讲故事在我们家是一件大事。他们最喜欢的故事之一便是汉斯·克里斯蒂安·安德森的《皇帝的新装》，内容如下：

很久很久以前，有一个国王，他最在乎的东西便是穿新衣服。有一天，两个骗子来到了国王的这个镇上，并告诉镇上的每个人他们是最了不起的裁缝，能够制作出这片土地上最神奇的布料，而由于他们所制作布料的神奇，所以愚蠢的人是看不见的。于是，国王决定聘请这些裁缝，这样他就能将智者与愚者区分开来。这两个骗子同意为国王制作出最精美的衣服，但要以钱、金线与丝绸作为酬劳。他们得到了所要的酬劳，并装模作样地在那里没日没夜地织布。整个镇上的人都害怕被当作愚蠢的人，就连国王最信任的顾问都向国王汇报说，这些布料是他平生见过的最完美的杰作。最后，当衣服做好之后，两个骗子装模作样地将新衣服给国王穿好，并为国王准备进行一次盛大的游行。城里的人微笑着，向国王挥着手，并鼓着掌欢迎国王，直到一个小孩指着国王并大声地叫了起来，“可是他什么衣服也没有穿啊！”当城里其他的人也都重复着小孩的话时，国王终于证实了这最糟糕的怀疑，但国王还是坚持完成了他这让人自豪的游行。

对于任何一位需要沟通的领导者而言，这个睡前故事就是一个类比。你的团队成员过于担心公司不会器重自己，所以他们会把表面工作做得非常漂亮，在给你的反馈中添油加醋，而不是告诉你需要听到的东西。幸运的是，我们拥有一种非常强大的工具来引出真实的反馈，这便是视频记录。

价值 3 000 万美元的软件开发首席执行官正在准备进行下一轮的融资，他找到本，想寻求一些指导。这位首席执行官三年前与自己的兄弟一起建立了这家公司。他是哥哥，年龄三十出头，而他也肯定是非常出色的——思维很有逻辑，看待事物也恰如其分地拥有怀疑论思想。本问道：“你以前曾经在视频里看过自己的表现吗？”这位首席执行官表示他从未看过。因此我们让他对着摄像机做了一次持续五分钟的演说。他的声调几乎没有任何变化，而他的面部表情也非常单调。

我们与他一同坐下来，以高分辨率回放了他在摄影机下的表现。回放了三十秒左右，他说道：“哇噢！请停下，暂停！”

本暂停了回放。

“我想弄清楚一些事情，”这位首席执行官讲道，“我在视频里看到的自己，与你在现场演说时看到的我是一样的吗？”

“很抱歉，我不明白你的问题，”本说道，“但如果你是在问我，我在电视屏幕上所看到的与我在现场录制时所看到与听到的是否完全一致的话，那么我可以告诉你，答案是肯定的，两者是完全一样的。”

他的眼睛睁得大大的，双手下垂。“那么，我现在所听到的声音也是听众所听到的吗？”

“是的。”

“我是那样发声的吗？”

“是的。”

他沉默了几秒钟——接着说道，“那真是太糟糕了！”

“是的。”

第一次在视频上看到自己的表现之后，他感到困惑。这种经历被称作反差。我们发现，我们自认为与人沟通的方式与我们实际与人沟通的方式是完全不同的。高管们遇到的最普通的一个问题是，没有人敢把真实的情况反馈给他们。没有人敢说：“老板，你在这方面真的很差劲！”相反，人们都会美言几句：“太棒了——讲得太好了。”或者在许多情况下，他们选择沉默。

这也是为什么视频反馈会对公司领导者产生巨大的打击——视频有时会揭露“国王没有穿衣服”。许多商人在整个职业生涯中都认为：“我是一个很棒的沟通者，能应付商场中所发生的一切。”他们完全不知道他们的沟通习惯与癖好究竟是什么样的状况。他们从未看过自己的行为。他们认为自己做得不错，而这正是他们真正伤害自己与自己公司的时候。我现在告诉你一个好消息，对自己过失的初次意识，虽然让人觉得痛苦，但这会让你的沟通技能得到很大提高。所以就让视频成为你的沟通的一面镜子吧。

现实解读

只有当你拥有自我意识时，你才能为你的听众创造出一次沟通体验。这就意味着要获得沟通指导与反馈，特别是视频反馈。这同样意味着，你需要定期地听听同事们对你的反馈，并在你的团队中创造出一种分享反馈的文化。

自欺欺人的谎言 5

“我们这里不是这样做事的。”

一些组织机构与商业企业中的领导者都不是很好的沟通者，这也导致下属员工出现类似的情况。多年来，一位中层管理者看着自己的老板在演讲台后读着讲稿，或者为高管编辑幻灯片，其中满是着重点、术语与脚注，她讲道：“我也要像我的老板一样，像她那样去演说，因为很明显她就是通过这样的方式才登上如此高的位置。”结果是，一些组织机构或商业企业的人的沟通能力都处在一般或低于一般的水平。

这就是模仿，是照着我们的说话对象的动作去做的典型行为。

如果我们的说话对象改变他的身体语言，你也就会改变自己的身体语言。虽然这样的方法经常会在销售过程中使用，但我们思考以下情况：如果你的说话对象表现得很无聊、严肃，并且无精打采，对你的话不感兴趣，那么你也应该表现出无聊、严肃或无精打采，对他的话不感兴趣吗？肯定不行！那是一种很不好的恶性循环。

改变自己从来就不是简单的事情，特别是当你是公司决策者时，改变自己则变得更加困难。你脱颖而出，你与团队的其他人决然不同。如此这般会让人觉得你在冒很大的风险，而且违背逻辑与理性去行事几乎就说不通。

最近，我们对一群企业副总裁实行了一系列的培训方案，这些副总裁来自美国伊利诺伊州一家大型保险公司的商业部。这里面的每位副总裁都为公司效力了超过十五年之久，他们了解公司的详细情况，受到过公司其他领导者的指导，也都曾几次调派担任一些领导层的职位。培训方案的执行主办方对我们提出了一个有趣的要求："我们得靠你们来改变我们的文化。我们公司的文化过于死板，会议没完没了，而且达不到预期效果，事情也得不到应有的解决。我们公司在未来的一年里面临着大的变化与挑战，我们需要以不同的方式去执行各种事情。这些领导者得成为很棒的、活力充沛的沟通者。我们需要你们让他们懂得去冒更多的风险——而他们可能会因为公司现有的企业文化对此有所抵触。"

不必说，我们实施了自己的工作。我们催促这些副总裁们摆脱现有的工作方式，展现自己内在的激情，与自己的团队建立共鸣，并为团队注入活力。他们对此产生了抵触情绪，因为这些新的工作方式让他们觉得尴尬，而且他们不适应。我们对此一点也不奇怪——摆脱自己的舒适区是很困难的。真正让我们惊讶的是他们竟然说："我们这里不是这样做事的。"

当我们告诉这些副总裁们我们得到了执行组的同意与认可实施培训时，我们的培训进程有了突破。他们要亲耳听到冒风险、改变他们一贯的沟通风格与方式是没问题的。突然间，事情出现了逆转，就好像是闪电劈在了他们的头顶。他们回答说："看看我们这个组织，如果那些努力上进与得到升迁的人都做了这些事情，也就是表现出更多的情感与激情以及做事不拘一格，那么我也会试着这样去做。"不必说，接下来的培训进展得很顺利。而随着他们改变自己的沟通风格，这个大公司的固有文化也被削弱。他们新的行为、故事与来自实际生活的例证让公司开始复苏。从这一刻起，他们开始改变自我。

现实解读

我们不必总是用常规的方式去解决事情。事实上，我们不能这样！千万不要让自己陷入爱因斯坦对精神错乱的解释，即做着同样的事情，但期待不同的结果。相反，我们要常常思考道格·斯蒂文森的格言，"危险的地方就是安全的地方。"我们要大胆一些，摆脱你的舒适区域，来激励别人也付出更多：更多的主人翁意识，更多的参与，并展示更多的活力。

你的责任：改变现状

商业沟通不尽如人意。不要再自欺欺人让自己陷入到问题之中。快速地进行现实解读之后你会发现，今天的商业沟通中所有出问题的地方都能够得到纠正——我们要采用一些简单但强大的工具。我们吁请你好好地沟通。这种呼吁现在已迫在眉睫。继续读下去吧。

练习

看

- 观看下一个颁奖秀（或至少观看最好与最糟糕的演说），看看受奖演说中的那些差异。
- 在你下次的员工大会、销售推介或产业会议中寻找执行解说中的差异。哪些人事前准备了演说稿？

想

- 自欺欺人的谎言中，哪一条是你犯得最多的？
- 你什么时候会变得“拘束”与“随意”？你的家人或朋友是如何描述你的？你的同事又是如何描述你的？
- 你准备你的演说内容会花多少时间？而练习这些演说内容又会花多少时间？
- 在什么样的情况下你会进行最充分的准备？

做

- 对于你所创造的沟通体验，你收到过什么样的反馈？
- 用视频记录下你的说话过程。马上就记录。你很快就会用得上它。

第二章　听到我说话了吗

沟通上的每一次提高都能让无聊单调的内容显得让人更加难以忍受。

——弗兰克·莫尔·科尔比

要是你所说的话有几乎一半的内容没能被听众听进去，情况该当如何？实际上，如果你家有小孩的话，就像我们一样，你可能会想，小孩能把自己说的话听进去一半就谢天谢地了。呃，好吧，你在与小孩说话时出现这样的情况还是情有可原的（尽管我们实际上并不这样想），但当你处在今天鱼龙混杂、拥挤与杂乱的沟通大环境中，出现上面这样的情况是绝对不允许的。我们且思考一下：你拼命地推销观点、产品，改变规程，或者在拥挤的市场中获得别人的一些注意力。你在演说着。他们却没有听你讲。我们现在对沟通有了一些极端的期望。我们是如何走到了这一步？这些期望的源头又是在哪里？我们能够识别出三种社会趋势，来帮助落后的沟通者迅速地改变自我：

1. 信任的全景图发生了变化。我们与自己的领导之间的信任鸿沟在不断地扩大。当我们不相信别人时，他们也就听不进你所说的话。

2. 我们生活在一种注意力经济中，但我们却没有用注意力去沟通。如果我们无法赢得别人的注意力，我们甚至就不能找到要沟通的对象。

3. 当今社会的信息过载对我们的冲击使得我们渴求被激励。我们不愿只是像填表那样发表意见，我们想要参与到更宏大的事情中去。当我们无法如愿以偿时，我们就会觉得我们听到的只是噪音。了解这些趋势来帮助你为你的旅行导航，具有绝对的关键意义。我们必须赢得被别人听见的权利。让我们从相信别人开始吧！

2014 年 4 月 30 日，CNN 对一个重大事件进行了披露：至少有 40 名老兵在凤凰城老兵健康管理机构等候预约的期间死亡。在接下来的几天内，又有媒体报道说，全美国范围内的其他老兵健康管理机构也出现过类似情况。披露人还表示，老兵健康管理机构的管理者与职员在“伪造数据”，也就是用假造的数据来隐瞒拖延治疗的事实。同年 5 月 15 日，老兵事务秘书埃里克・辛赛奇来到了参议院老兵事务委员会，为这件迅速变得严重的丑闻出席作证。辛赛奇将军拿着一份准备好的陈述读道，他管理的这个机构对美国老兵被疏忽的新闻“让我气愤至极”。然而，尽管辛赛奇将军言辞很强硬，但他的声调却很平淡，脸上更是毫无表情。

在辛赛奇提交证词的几天后，《天天秀》的约翰・斯图尔特针对将军的证词，嘲笑地对辛赛奇将军说：“你在说‘气愤至极’时给人的感觉更像是在说‘哦，我的果汁喝完了’。”斯图尔特表达出了许多美国人的感受：将军的这种不冷不热的表现让人无法相信他。一位国会议员也表明了这种感受：“现在看来，辛赛奇将军已经失去了人民的信任。”

辛赛奇将军失去人民的信任，不仅仅是因为他负责的机构对老兵的疏忽，更重要的原因是他的“愤怒至极”的表现没有说服力。公平地讲，正如将军在证词上所说的那样，他是真诚的，同样也是沮丧的。毕竟他也是经历过两年越南战争的老兵，因勇气而被授予三枚星型铜勋章，并且在踩到一颗地雷导致一只脚残损之后被授予了一枚紫心勋章。如果要说他对我们老兵的需求不理不睬，那是不大可能的。

但辛赛奇将军不明白他的讲话缺乏说服力。在本书第一章中，我们讲过每一次的沟通都是有意义的。我们必须在每一次说话中都赢得信任。尽管辛赛奇拼命要保住自己在老兵健康管理机构的职位，并解决所发生的问题，但他却浪费了那种被称为“信任”的东西。同年 5 月 30 日，在公众与政治的双重巨大压力下，他宣布辞职。最终，他在听证会上的那种缺乏活力的表现几乎与健康丑闻一样糟糕，并直接导致了他的离职。我们必须要赢得别人的信任，而辛赛奇将军与美国人民之间的信任鸿沟却在扩大。

你可能会想：“对于政府，或政府的领导者，缺乏信任的例子当然是有的。”诚然，撇开政府的信任问题不谈而继续自己的工作是容易的事情，但这种信任鸿沟已经不再仅限于政府与军队了。这种信任鸿沟困扰着每个层次的领导者，不管是在体育界、娱乐界还是商界的领导者，都存在这种情况。我们的日常生活充斥着种种丑闻，如欺诈性审计、滥用类固醇与侵犯隐私权。传统领导根源的信任已经荡然无存。这种信任是 21 世纪的沟通世界里一种全新与不可否认的现实，而这在很大程度上改变了我们对权力的传统根源的思考方式与回应方式。

信任鸿沟已经让权力与权威颠倒了

全球市场调研公司艾德尔曼-博兰德发布了一份年度报告，其名称为“艾德尔曼信任度晴雨表”，这份报告对商业部门与政府部门的领导者的公众信任度进行了考察。自 2009 年后的每年里，据“信任度晴雨表”披露，公众对商业部门与政府部门的信任度非常低。那么究竟是什么导致了这种信任危机呢？答案是由次级信贷危机导致的 2008 年全球金融危机。

我们不打算在这里向你再次论述那些欺诈性承诺、掠夺式借贷、监管部门的玩忽职守与联邦机构的苦恼，但我们在这里要说的是，公众已经失去了对商业部门的信任。这是自大萧条以来最严重的金融萧条，而公众也得出一个结论，即私有部门的贪婪与政府部门的漠不关心几乎导致了全球经济的崩溃。永别了，我们不再相信商业企业；永别了，我们不再相信政府。

艾德尔曼-博兰德公司首席执行官理查德·艾德尔曼讲道，这种信任危机的结果导致了美国人民与自己的领导者的“信任鸿沟”的扩大。他写道：“不到 20％的人相信，商业企业的领导者与政府官员在遇到困难问题时会向公众揭露事情真相。”艾德尔曼接着说道："各种机构与他们的领导者之间的信任鸿沟也在扩大——从全球范围来讲，对商业企业的信任度比对商业企业领导者的信任度高出 32 个点；而对政府的信任度比对政府领导者的信任度高出 28 个点。"（见图 2—1）

换句话说，人民对商业企业与政府机构的信任度要高于对这些机构的领导者的信任度。

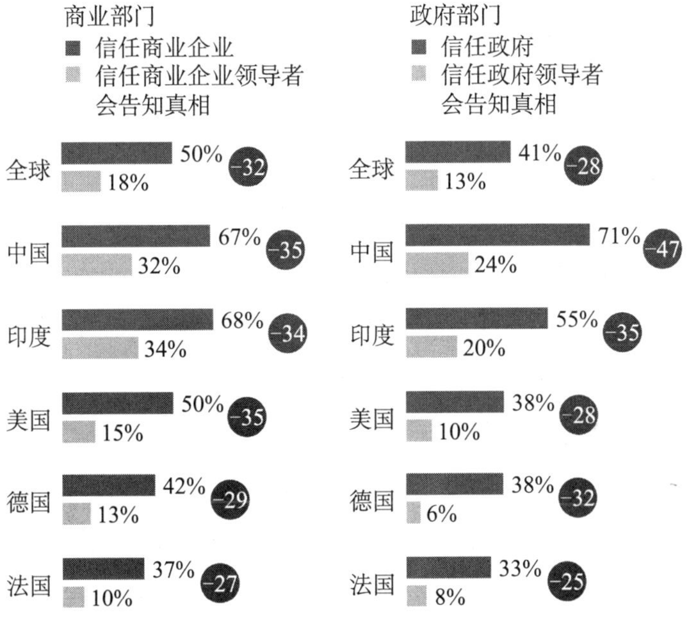

图 2—1 领导者信任鸿沟

如果你领导的人民不信任你，那么他们不会听从你，也不会受你的影响，他们不会支持你的议程，他们更不会追随你。为了达到领导的目的，你必须赢得他们的信任与支持。如果你想要向别人推销一种产品，赢得他们的投票，或者说服他们你的事业的重要性——而如果你正在读着这些，你确实也这样做了——那么这一切都将变得严酷。这比五年或十年前的情况会严酷得多，而且事情也会变得更加困难。人们不会仅仅因为你的领导地位而相信你。事实上，他们可能会更加怀疑你与你说的话，因为你是公司的领导者。这就是说，作为领导者，我们也必须改变自己的方式。

理查德·艾德尔曼表示，对于这些问题，其解决方式是这些领导者与机构采用一种新的标准。他把领导的旧标准称为“运作许可证”，而将这种新的标准称为“自由销售产品、自由融资与自由获利”。在自由经济条件下，商业部门将全球经济推向了崩溃的边缘，从而浪费了这种自由。而由于民主党与共和党的观点总是截然不同，所以美国政府也不具备对这些问题的反应能力。由于政府与商业部门的领导者未能处理好这些问题，美国人民撤销了政府与商业部门领导者的“运作许可证”。

在无法信任政府领导者与商业领导者的情况下，我们转而向能够信任的朋友、家人、员工，以及像我们自己这样的其他人来获取信息与他们的想法。在我们不再相信领导者，甚至他们所代表的品牌之后，我们只能依赖自我来实施变革，向社会媒体报道所有的事件，其中有大规模的社会与政治运动，如“占领华尔街”与“阿拉伯之春”运动，也有日常的旅行经历（我们使用 TripAdvisor、Yelp 与 Airbnb）。

这意味着什么呢？这意味着影响力——那种从政府领导者与商业领导者流向广大公众的影响力——现在已然消失。信任与可信度不再与领导地位相关联了。美国耶鲁大学校长与教授杰弗瑞·索南菲尔德写道：“依赖于人民但偏离轨道的领导者已经懂得，他们不能仅仅依赖于他们显要的地位或观点来赢得关键选区的投票。稳固的领导地位让他们在关键的选区团体拥有了合法性，但胜负如何还要取决于个人的精力、与选民的共鸣、自我的真实性、激励性目标与勇气。我们要将员工当作是公司的代表，直接听取他们的想法——从而证明员工所具有的诚实正直的品行、能力，以及运作能力与领导力。”

我们现在需要撕毁“运作许可证”。PeopleClues 公司主席朱丽叶·莫尔兰德将旧式的权力主义首席执行官与当今通过激励、影响与鼓励去沟通的首席执行官进行了比较。“最高管理层总算可以添加一个新词‘影响者’了。”她讲道，那种老一套、高高在上的老板几乎要绝迹了，这些人的形象总是身穿背带裤，嘴里叼着雪茄，表情严肃，并经常大声嚷嚷地喊出自己的命令，这些领导者的权威依赖的是一种模板：“一个头衔、战略性指令、各种会议以及督导员工的‘管理’概念与各种项目。”

我们所有人都要意识到一个事实，那就是，不论我们是否拥有“正式”的权力头衔，我们都必须让别人信任自己，这不仅仅是要完成我们的工作，也同样是要发挥领导的作用。这对我们所有人都很重要。因此，如果你是在一家高度多元化的组织工作，或者担任着多重服务的职位，那么每天的日常工作中要想发挥领导的作用就要依赖于影响力，而不是权力。我们的许多顾客找到我们，让我们帮助他们的团队成员，而这些成员必须对公司战略、关键决策、产品与解决方案产生影响力，但却不具备这样做的正式权力。我们所有人都必须获得艾德尔曼所说的“领导许可证”，而达到这个目标的关键则在于沟通。

在分析了首席执行官在建立信任采取的具体行动后，2014 年的研究发现，在公司吃官司期间，不论遇到的事情多么复杂或不受欢迎，清楚与清晰地沟通、讲事实、定期与员工互动以及不逃避对于被告人是非常重要的。

现在只剩下一个小问题：我们需要获取他们的注意力。

我们生活在注意力经济中，但我们却未能通过注意力去沟通

美国《华盛顿邮报》在 2013 年的一份商业专题报道中，将 Amazon.com（亚马逊购物网）的创始人杰夫·贝佐斯描述为一位和气但却要求过多的首席执行官——还是一位对浪费时间的人毫无耐心的人。文章写道："亚马逊购物网的员工很快就了解到自己什么时候会赢得首席执行官的注意力。首席执行官会用智能手机回复邮件。在特殊的情况下，贝佐斯会走出办公室。"

无论你什么时候对听众讲话，你都要想象你面对的是一屋子的杰夫·贝佐斯。见鬼，想象一下这个屋子里人人都像你这样，情况会怎么样？我们都很忙，每件事都有时间限制，有很多要办的事情，而且还有很多信息吸引我们的眼球。智能手机与社会媒体的使用已经改变了我们聆听的方式。在不到几年的时间里，我们就不大愿意坐在椅子上听人发言了。

如果你在过去的五到十年间发表过很多的公共演说，你也许就已经察觉到了一种变化：你看不到一张张抬起头看着你的脸，你现在看到的是很多人低着头专心地玩着自己的智能设备。注意力周期已经缩短，人们只有在别人喜欢、分享或不停地重复他们的评语或他们的重要性时才会变得心血来潮。

我们处在一个新的、与众不同的沟通时代，我们发牢骚式地让听众放下手机并注意听你讲话是没有任何意义的。他们不会那样做——除非我们能提出一个好的理由。所以我们必须得让我们讲话的内容比他们在便携设备上看到的内容更加具有吸引力，而且我们提供的信息比他们在便携设备上寻找的信息更具有吸引力。听众用自己的便携设备可以做任何事情，如查询事实、状态更新、计划安排、图片编辑、账单支付、房屋租赁与证券买卖，所以他们不是总要听你讲话。

当然，如果你问他们："你们在听我说话吗?"他们会说："我当然在听你讲——我能够一心多用。"是的，没错。一心多用是一门很复杂的学问。人类的思维一次只能集中于一件事情。生物学家与《大脑法则》的作者约翰·梅迪娜表示，那些擅长一心多用的人实际上具有很好的记忆力，从而使他们能够在同一时间里注意到多件事情。但坏消息是，多种研究也发现，一个人如果被打断，那么他就会多用 50％的时间去完成一项任务，也会多发生 50％的错误。因此，如果你的会议上有人在处理邮件或闲谈，那么他们就错过了一段时间里的一些东西。

商业与管理研究员托马斯·H·达文波特与 J.C. 贝克将注意力定义为"对某种特有的信息聚精会神的精神活动。特有的信息进入我们的意识，之后我们集中注意这个信息，接着我们决定是否采取行动"。你的听众的有限的注意力周期便是你传递信息的入口——或是瓶颈。如果你的听众不再注意你的话，那么你就可能只是在对着一面石墙讲话。你所传递的信息无法进入你的听众的意识——而如果你传递的信息不能被听众接收，那你就别想去激励你的听众去采取任何行动。

理查德·A·兰哈姆在《注意力经济学》一书中解释说："我们生活在一种'信息经济'中。但在新的信息经济中，人们从不缺乏信息。我们浸泡在信息中。我们所缺乏的是人们的注意力，来使所有这些信息变得有意义。"人类的注意力是一种稀缺的资源——而随着我们的社会被越来越多的信息所淹没，人类注意力这种商品则日渐变得稀缺。

更不用提我们还面对着严重的对便携设备的依赖，从董事会议室到卧室再到浴室。《时代周刊》2012年的一份民意调查显示，我们中84%的人一天也离不开自己的智能手机，而20%的人每隔10分钟就要看一下手机。为了更具有说服力，2012年的一份移动手机思维模式研究表明，受访者中54%的人都表示他们会躺在床上查看手机里的内容：在他们睡觉之前、睡醒了之后，甚至在午夜醒来时都会查看手机。而近40%的人会在上厕所时查看自己的便携设备。仅我们的指尖就能收集到如此多的信息。现在的问题是，有什么地方不会让我们分心？

你的任务是理清这些杂七杂八的电子信息。你必须让自己的讲话内容比出现在平板电脑与智能手机屏幕上的文字与内容更具有吸引力，从而使听众注意到你的话。不要给你的听众任何机会躲开你要传递的信息。要吸引住他们的注意力，让他们听不到"走"这个词。要把握住他们的注意力，直到会议的结束或者直到听众都起立鼓掌。这里我说一下我们其中一位顾客是如何检测自己的成功的："当我在演说时看到的都是听众的眼球而不是前额时，我知道我自己作为沟通者已经做得很棒了。"

在受到信息的冲击后，我们希望得到激励

当我们身边有如此多的东西让我们分心的时候，我们该采取什么方式才能让自己的讲话更具有吸引力、更引人入胜呢？以前，我们并没有真正相信大喇叭或麦克风里传来的声音，而现在我们所接触到的信息让我们没有时间去应对，那么究竟是什么引起了我的注意呢？比起其他东西，我们渴求什么呢？我们想要被激励。我们渴求被激励。

2000 年后出生的人清楚地表明他们渴求被激励。根据 2013 年的报告，这些人中的 85%希望得到与众不同的工作，这种工作不仅能让自己变得富裕，而且也能让全世界变得富裕起来；而其中 71%的人则想要在一些特殊的公司或机构中工作，这些公司或机构会鼓励他们去承担某种形式的全球性或社区性的社会责任。虽然这些人的职位级别都很低，但他们在不停地向上攀登，而到了 2025 年，他们将占有全球劳动力的 75%。

尽管“激励我”的标语握在 2000 年后出生的人手中，但他们并不是仅有的那些想要去感受并向着更大事业去奋进的人。而在这些人的另一端，则是临近退休并正在反思自己生活、事业与目标的“婴儿潮一代”。他们想确保自己所留在身后的世界是一个更好的世界。这种集体性对被激励的渴求处处可见。它是具有感染性的。而它也导致了人们采取行动。

丹尼尔·品克在他的超凡的著作《驱动力》一书中，颠覆了传统根源的激励行为。他肯定地表示，在当今的企业世界里，我们不能使用老式的“胡萝卜+大棒”的激励手段，而要更大程度地聚焦

于驱使我们行动的三种因素：独立行事、掌握技能与拥有目标。拥有目标的动机能够对其他两种因素发挥杠杆作用。“能够独立行事并下定决心完全掌握技能的人能在非常高的职位上有所表现。而那些为实现更大目标的人在这样做的情况下能够实现更大的成就。”拥有目标不会将利润丢在一边，但可以非常肯定的是，目标在激励手段中具有同样的重要性。

在什么地方可以立即看到这种效果呢？在拥有目标与社会企业精神的产品中，我们就可以见证到。这也是汤姆斯品牌（TOMS）的鞋能如此受公众欢迎的原因——并不是因为它代表着潮流，而是因为它是社会的代言。TOMS 品牌的创始人布莱克·米科斯基（他是一位非常棒的沟通者，这毫不令人感到意外，也是《那些重要的事情》的作者）创立了一种慈善性创利的商业模式。这种商业模式最开始是用可循环、人造的与可持续使用的材料制作鞋。这对于环保主义者来说是个不错的想法，但这并不是汤姆斯品牌受人欢迎的原因。真正的原因是公司所制定的策略：一送一。也就是汤姆斯每卖出一双鞋，它就会给需要这双鞋的孩子送一双鞋。它会向需要鞋的人赠送鞋！当你买新鞋时，它就会向需要的人也送一双！这是一个让人觉得重要而且有意义的做法，是一个让人产生共鸣的做法，也是一个让我们愿意去分享的做法，不管是私下场合还是在各种社交平台；而且它也满足了一个人的需求：参与到更大的事业当中。自那之后，汤姆斯将一送一的信条延伸到眼镜产品，而汤姆斯烘焙公司会向每个购买一袋咖啡的人提供一周的纯净水。

我们迫切地寻求被激励。对我们来说幸运的是，我们可以在网络上找到关于这方面免费的知识宝库，如果说在过去的一些年中出现了一种文化现象，而这种文化现象回应了人们对需要被激励的呼吁，并转变了人们的沟通方式，那么这就是 TED。

TED（意为科技、娱乐与设计）是一个非营利组织，它将来自全世界的思维领袖聚集起来，邀请他们在 18 分钟（或更少的时间）的谈话中，用打动人、鼓舞人、感动人与启发人的方式，讲述自己对所有事物的大胆的新思想，从科学与技术到哲学与环境。TED 始终遵循着“观点值得传播”的信条，自 TED 第一次在 1984 年的谈话节目之后就获得了巨大的影响力，而现在它已经在我们的文化中拥有了恒久不变的地位。2006 年 6 月，TED 在网络上发表了六个谈话节目，同年 9 月，这些节目的点击量达到了 100 万人次。六个月之后，这些节目的点击量达到了 10 亿人次。现在，在 ted. com 网站上，我们可以看到 1 700 多个谈话节目，而 TED 的管理人克里斯・安德森表示，TED 的谈话节目每天的浏览量超过 200 万人次。

你如此大惊小怪做什么？为什么它会如此受到人们的欢迎？这就是 TED 的工作原则：它是一种激励人的形式。而这种形式直接出现在了一片我们渴求被激励的“沙漠”中。我们整天在没完没了的除了陈述数据还是陈述数据的会议中混日子，结果是让人忙于无法完成的行动项目中，丝毫看不到希望。TED 戒律是一套被第一批 TED 演说者使用的演说法则。这些法则在会议史上的每个会议中或公司推介会会上都能够得到使用，这些法则包括：“你要展现自己的好奇心与激情”“你不能炫耀自我”“我们不是万能的，我们也有弱点”“我们要谈谈自己的失败，也要谈谈自己的成功”（失败乃成功之母），以及“你在演讲时不能读着你的演说稿”。

小说家艾米・汤在 2008 年的 TED 谈话节目“创造力都隐藏到哪里去了？”上，谈了自己对这些法则的看法，并开玩笑地说，这些法则“实际上就是创造了近乎死亡的经历的一些东西。但近乎死亡却是对创造力有利的”。整个这套法则肯定能让我们大多数人走出舒适地带，并进入快速下滑的过程。

然而，即使那些最具备“公司特质”的大型公司也会推崇这种不舒适的状况。我们每天都能够看到“TED 效应”的迅速扩散。我们的顾客现在找我们咨询的频率远远超过两三年前，他们特意让我们指导一些能够激励人的方式。他们需要一张地图，一张能指导他们在下一次的大厅会谈、销售、公司座谈会与产业会议上能将信息转化为激励效应的地图。

赫兹公司是一家拥有 96 年历史的老牌汽车租赁公司，该公司在全世界 145 个国家设立了服务网点，并在当前主办“TOM 谈话节目”。据该公司的首席执行官表示，TOM 代表着“完全开放的思维”，也是赫兹公司对“具有企业家精神、创新定向”的简称，而他与他的管理团队则负责将这些思维贯穿于整个公司。通过什么方式去完成这个举措呢？那就是通过 TOM 谈话节目。执行官团队在全世界范围内选择了四个人，他们要在年度管理会议上用 12 分钟或更短的时间，发布具有激励性的讲话。现在，这是他们方案中最受欢迎的一个插曲了。

我们拿罗致恒富来举例。这是一家成立了 66 年的老牌人力资源咨询公司，其做法是大幅缩短公司高管们讲话的时间，让他们根本没时间向参会者灌输信息！这种对会议讲话的新的极端性的预期正在对会议的体验产生转型的效果。

我们现在也该超越信息灌输这个层面了。激励性的推介会实际上在听众中产生了一种完全不同的反应。当你激励人们的时候，要想说服他们赞同你的蓝图与目标就容易得多。事实上，他们会从“不得不那样”的状态转为“想要那样”的状态。他们将成为你的思想观念的推崇者，并能够帮助你在你力所不能及的地方为你宣传你的想法。如果你想推进变革，如果你想你的思想与看法能被广大公众所采纳，那么你就要成为一位思想的沟通者。TED 的口号“观点值得传播”应该成为你的座右铭。

在一个地方行得通的东西在另一个地方却行不通

这些社会趋势导致了人们对我们的沟通产生了很高的预期。这是我们作为沟通者所面临的新局面。这是平淡的，简单的。你原先的沟通技能也许能让你获得今天的成就，但那些技能却无法让你抵达新的目的地。你讲的话也不会被别人理会。

我们已经进入到了沟通与注意力的新时代。你现在必须赢得一种权利，即让别人听从你。而你的改变则是让听众不再是感觉他们“必须”遵从你的要求，而是感觉自己“想要”遵从你的提议。现在是时候转型了，而这就意味着现在是你超越仅仅为听众提供信息的时候了。让我们时刻准备对他们产生影响，并激励他们。

练习

看

- 每周观看一次 TED 谈话节目（请访问 www.ted.com）。你可以根据特定的主题、兴趣与演说者查找播放列表。选择每天可以激励你的内容。这个站点甚至包括“让你在糟糕的一天充满活力的五次谈话”。
- 在你下次做推介会时寻找那些关注你的人的眼球。或者你只是看到那些人的前额？

想

- 你相信谁？相信媒体？相信一个新闻网站，而怀疑另一个？同行评论？朋友？专家？还是销售人员？
- 是什么让你怀疑这一切？
- 思考一下你自己的注意力周期。在一次会议中，多久会让你厌烦？观察一下，会议进行了多久之后你会拿出自己的便携设备并开始一心多用。

做

- 下次开会时让所有人都把手机放到离自己远一些的地方。
- 将你下次做推介会的时间缩短 5 分钟，来适应注意力经济。
- 在你下次的会议中为所有人展示一个更宏伟的蓝图，而不是仅仅局限于策略性的解释。

第三章 创造一种沟通体验

他们可能会忘记你所说的内容，但他们永远不会忘记你所给予他们的感受。

——卡尔·W·布尔奇纳

餐饮业巨头丹尼·梅尔是联盟广场好客来集团创始人与首席执行官。这家集团包括联盟广场咖啡屋、格莱梅西酒馆、蓝烟、奶昔小屋与纽约市其他有名的餐馆。他还出版过几本书，其中包括《联盟广场咖啡店食谱》《来自联盟广场咖啡屋的忠告》与《布置餐桌》。梅尔作为公众演说者是非常受欢迎的，但这里重要的不是他的演说能力，而是他设计一家餐厅的方式。梅尔在接受希尔顿世界电台约翰·凡德斯利斯的采访时，他解释了自己关于好客的哲学。梅尔说道，一家餐厅最主要的不是它提供的食物，而是用餐的体验。餐饮业者的工作不仅仅是提供一顿不错的午餐或晚餐。更进一步说，他的工作是“创造一次不错的用餐体验，从而让每位客人相信你与他们是一伙的，而且你是在处处为他着想……这样当客人离开的时候，不管他们花了多少钱，他们都会说，‘我们在这里过得很开心’”。

创造一次体验也就是说触摸到客人的情感深处。梅尔讲道，他会聘请一些能够与客人建立情感共鸣的员工。他解释道：“我们不停地在寻找那些更好的服务生，所以来用餐的客人会说‘接待我的这位服务生让我很开心’。……我们所聘请的员工是那些在让客人开心的同时，自己也会感到快乐的人。”他阐述道：“对于我们所聘请的人，我们所看重的是什么呢？他们的工作能力占49％，而能让客人用餐开心的能力则占51％。这是个简单的秘诀，但简单的也是很难做到的。”

丹尼·梅尔在餐饮业的成功促使他成立了一家名为“好客来系数”的公司。他通过这家公司来讲授为客人创造体验的哲学。他这家公司的客户都是“在自己的领域中最棒”的公司，而他则为他们讲授如何“在让人的感受方面成为全世界最好的公司”。换句话说，他教这些公司如何通过周到的服务创造一次体验，并成就情感上的共鸣。

梅尔将餐饮业者的任务看作是满足别人基本的需要。他解释说：“在一个人出生后5分钟之内，会获得人生的四种温馨的礼物——眼神的交流、一个微笑、一个拥抱以及一些很好的食物。不要认为我们接下来的人生不需要这样的礼物。”

那么餐饮生意与沟通有什么样的关联呢？如果对于一家餐厅来说，食物只是等式的一部分，那么沟通就能代表等式的全部，它超过了你所说的话。要创造沟通体验，这完全取决于你自己。而且无论你喜欢与否，你总是在创造一种沟通体验。你控制着听众的感受，以及他们能记住的东西。你的听众是感到无聊还是感到充满活力？他们对你说的话爱理不理还是充满兴趣？很在意还是感到自信？你同样也有机会将听众聚集起来，从而赢得他们的信任，并最后对他们说："我的时间花得很有意义。"或是你的时间花得不值。他们的沟通体验就掌握在你的手中。

沟通者蓝图

我们通过什么方式来为听众创造一次完美的沟通体验呢？一开始，我们应该清楚自己作为沟通者应该创造怎样的体验，接着就要着重留意那种体验。要到达我们想要的目的地，我们需要一种导航工具。现在，全球导航系统或你的智能手机只能使用简单的数据输入：你的出发地与你的目的地。这看起来好像都是基本功能，对吧？你要做的仅仅是调出一张谷歌地图，来找出你目前所在的地点，接着你告诉导航你要去的地点……就是这样！

然而遗憾的是，这对于沟通者却不是那么容易做到的事情。首先，由于第一章所提到的那些谎言，我们通常甚至不知道我们的出发地在哪里。其次，我们没有特地留意我们要去的目的地。如果你跟着导航去一个新的地点，在没有目的地的具体地址或名称的情况下，你是不敢随意乱开的。你无法拉着莉兹·雷蒙（蒂娜·菲伊在《我为喜剧狂》中扮演的角色）然后告诉谷歌："我想去那里。"然而，我们带着预先准备好的议程开始会议，全然不顾团队成员对你所说的内容做出的回应，或者完全不考虑我们该用什么方式来激励他们采取行动。我们就这样随心所欲，并期待有结果。

我们必须把每次的沟通当作是一个新的地点，并输入我们想去的目的地。让我们来对“沟通者蓝图”（见图3—1）进行解读。

纵轴：建立情感共鸣

纵轴勾画出了我们与听众的情感共鸣。在这里我们不是在讲眼泪与心痛的事情。情感共鸣并不是意味着要感情用事，这种情感共鸣能决定人们是否喜欢我们、相信我们，以及是否想要跟随我们。当我们无法建立这种共鸣从而导致情感上的鸿沟时，我们的听众就不会对我们说的话感兴趣或加以注意。这就是情感共鸣低产生的结果。我们在纵轴上的位置越高，我们就越受听众喜欢，与听众的互动就越高，越具有热情，以及越能够得到听众的信任。

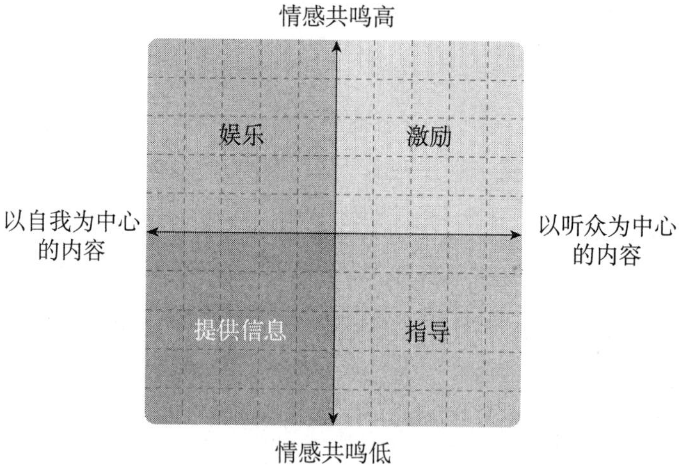

图3—1　沟通者蓝图基本模型

回顾一下你最近听到的一些演说者。他们讲的话让你大笑，感到尴尬，还是有其他别的感受？如果回答是什么都没有的话，那么你可能一点也不喜欢他们，即使你必须得听他们说话。你可能对他们的话感到了厌烦。而在这种情况的对立面，如果你与演说者产生了情感共鸣，那么你就会喜欢他们、相信他们、与他们保持关联，想要在他们身边，与他们一同欢笑，或至少想继续听他们演说。

谁是你仰慕的老板、领导人或导师？对凯利来说，她所仰慕的是罗宾·马克吉里弗雷。罗宾是美国电话电报公司的一位高管，如今已经退休。在她 35 年为各大公司授课的过程中，她始终活跃于业界的每个组织中。我大学毕业后的第一份工作就是作为美国电话电报公司（当时还是 SBC）领导力发展方案组的一员。这项方案是为最近的具有高潜质的大学毕业生分批实施的培训方案。我在第一批的方案中就取得了很大的成功。正当方案组的其他成员在加州弗雷斯诺城炎热的夏日与电工们爬上电话线杆进行施工时，我已经向罗宾的 2 500 人小商业组织（在加州圣拉曼城节奏轻松的总部）实施了销售计划并提供了商业沟通支持。我做的一切让人满意，但我仍是图腾柱上地位最低的女人。罗宾的地位最高。

“我永远也忘不了在洛杉矶威斯汀-波纳威丘酒店我为她与她的领导班子进行协调的第一次启动仪式。在仪式开始的头一天，我一整天都在练习那天要说的内容，并敲定一些细节，之后我匆忙地穿过大厅去自己的房间，但不巧撞上了罗宾。我想着要笑一笑，挥挥手，然后继续往前走。但罗宾让我停了下来，并问道：‘你想吃一个奶酪汉堡吗？我都快饿死了。’”

“与我吗？我想着。我猜想她是想问我这个仪式的细节方面的事情。我们在大厅的餐厅坐了下来，并点了想吃的东西，然后她开始提问。她所问的问题没有一件是与仪式有关的。她问的都与我有关，不是关于我的工作，而是关于我本人。接着，她跟我讲了一些她刚从大学毕业时成立这家公司获得的种种成就以及遇到的种种坎坷。从此之后，我们每年都会碰面好多次，而她总能建立感情上的共鸣：她表现出自己的关心与兴趣，而她所表现的这一切都与我有关。”

那么，我们通过沟通如何实现情感共鸣呢？有两种方式：

1. 通过行为方式建立共鸣：表现出我们为了提供信息，已经与听众融为一体了；我们通过这种方式展现出热情、关爱、兴趣以及自己的能力。

2. 为我们演说的内容添加感情色彩。我们的演说必须具有逻辑感；这些演说内容在结构与组织上必须完善。但是要建立情感共鸣，我们需要在演说中使用故事、类比，甚至幽默。故事（特别是能够展示个人弱点的故事）能帮助我们了解一个人，并进一步地增强共鸣，正如罗宾所做的那样。

横轴：我们演说内容的焦点是什么？

横轴代表了我们传达的内容与实际信息。这也是着重于演说内容的“沟通者蓝图”的内容之一。你是在传递信息，还是在驱使人行动？

横轴的左边是为信息分享保留的。如果演说内容完全着重于你自己的议程、观念与种种目标，如果你不停地说“我，我，我”，那么你就会发现自己的位置在横轴的末端。这是以自我为中心的演说（你没有刻意那样做，但你的演说内容会让人产生这种感觉）。你越能着重于自己的演说内容，并让这些以听众为中心——满足听众的需要、愿望、目标与首要的事情（不管能满足多少人，不论是一个人还是一百个人）——你就越能将沟通体验向横轴的右边移动。横轴的右边是以行动为导向的，这也是能产生影响力的“沟通者蓝图”的内容之一。

我们来谈谈这在现实生活中的运用：一个典型的产品经理在谈到一种新产品时，他总是会强调产品的具体情况、特征、卖点与各类参数；不论在公司内部还是对消费者，他都能推销这种产品。这是很平常的，人们能接受也会期待这种产品。他是在代表他的产品。一位伟大的项目经理在向消费者推销新产品时，他会告诉消费者这种新产品的意义，以及这种产品会以怎样的方式给他们的日常生活带来好处；对拼命实现季度销售目标，以及对为产品设计新元素的产品团队成员，项目经理也能这样做。你能看到这里的区别吗？只要将重点转移到自己听众的需要与需求上，你就能创造一种沟通体验，而听众里的有些人就能被激励并采取行动。

以听众为中心的内容转变了全部的沟通体验。你将影响听众并激励他们去采取行动——而行动则是沟通的最终目标。

谈了纵轴与横轴之后，让我们来看看每个四分之一区域里的最终的沟通体验。当我们注意这四个区域时，思考一下你自己的沟通体验应该处于哪个位置，不论是你自己创造的，还是你已经从其他人那里得到的（或忍受的）体验。你的同事所做的最后一次领导团队的会议、分析说明、推销产品或提出建议，你认为应该归于哪个区域？而你自己进行所有这些时，应该属于哪个区域？

左下方：提供信息

让我们从最平常的区域开始，这个区域基本算得上是公司会议的实际标准。如果你与听众的情感共鸣过低，你的演说内容以自我为中心，那么你的位置就在左下方的区域，许多仅仅向听众传达信息的演说者也处于这个区域。我们做报告，我们表述事情的状态，我们提供事态的最新情况，我们提供自己调查的细节，但我们却无法与听众建立情感共鸣。

在菲利斯·布尔勒的电影《春天不是读书天》中扮演说话沉闷的经济学教师的演员本·斯坦，可以算得上是情感共鸣过低以自我为中心的典型的演说者。如果你看过这部电影，你将永远无法忘记学生厌烦的表情与老师脸上让人厌烦的皱纹，“布尔勒？……布尔勒？”你知道吗，爱尔兰的研究人员已经证明单调的声音让人厌烦？这就是典型的情感共鸣过低。我们也来看看美国记者与具有传奇色彩的新闻人丹·拉瑟，国会领导人哈里·里德、米奇·麦康奈尔与约翰·博纳，棒球联盟委员布德·塞利格，以及美联储前主席艾伦·格林斯潘（见图 3—2）。在你的日常生活中，这就是那些读着讲稿、让人厌烦的导师、传教士或商业领袖，而一旦你了解他们的风格，你对他们就已经失去兴趣了。

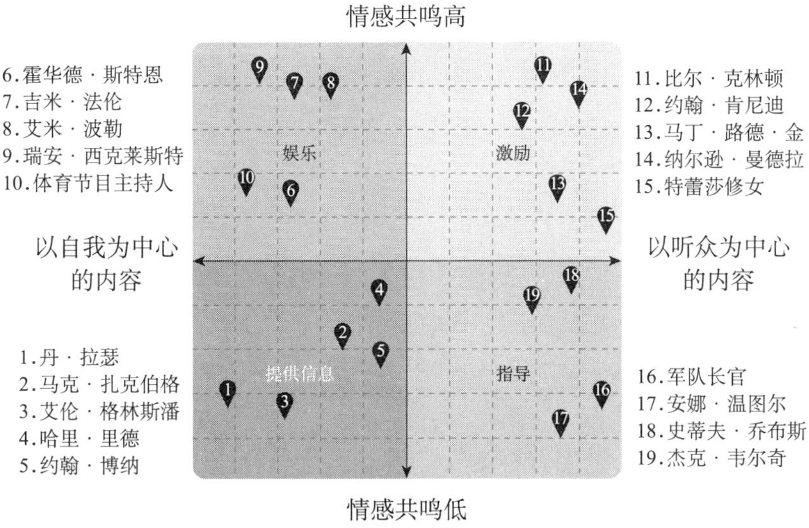

图 3—2　名人在沟通者蓝图中的不同位置

左上方：娱乐

每个人都会喜欢处于这个区域里的人。如果你与你的听众建立了紧密的情感共鸣，可你的演说内容以自我为中心，那么你的位置则处于左上方，即能让人娱乐的人。

作为听众，我们喜欢那些左上方的沟通者。我们喜欢演说者能让我们娱乐！能让人娱乐的人能触碰我们的情感：他们让我们惊讶；他们让我们欢笑；他们也能让我们流泪。然而，这些人演说内容的典型特征仍是以自我为中心。他们能够吸引听众的注意，能让我们获得数小时快乐与愉悦的心情，但一般来讲，他们并没有想要激励我们或让我们行动。他们所传递的以自我为中心的内容仅仅是让我们注意他们与他们的表演——他们并不大在意听众的需要与需求。

演员、现场的喜剧演员、脱口秀主持人、音乐家与其他娱乐界人士主要处于左上方的区域。我们可以想想任何 ESPN 体育节目主持人、电台名嘴霍华德·斯特恩、电视主持人瑞安·西克莱斯特，或《今夜秀》主持人吉米·法伦（见图 3—2）。想想在你的日常生活中，你的朋友圈里的哪些人会讲述一些惊心动魄的故事，或哪些人是公司午宴或颁奖仪式的优秀主持人。

右下方：指导

传统的领导力培训的结果是，许多成功与具有权力的领导者都处于右下方的区域。他们所凭借的是权威，而不是与别人的共鸣。如果你与听众的情感共鸣过低，而你演说的内容却又是有针对性地以听众为主，那么你就在右下方创造了一种沟通体验，即你被归类于总裁。

总裁不一定关心听众是否相信他，或是否能与听众建立情感共鸣；他们使用的是“运作许可证”。他们会说：“你要把这个做好——不管你喜不喜欢——否则后果自负。”他们最关心的是把事情办好，其余的都是次要的。他们认为工作任务高于相互之间的关系。听众无须在情感上过于投入；他们需要的仅仅是配合工作。听众的感觉是他们“必须”执行总裁所说的话，而有时候敬畏能与激励产生同样的效果。这个区域的典型例子是《时尚》杂志的编辑安娜·温图尔、商界名流杰克·韦尔奇与不择手段的军队长官（见图 3—2）。他们发出指示，你必须去服从。他们以工作任务为主导。在你的个人生活中，可以想象一下传统的老板、指挥官或严格的初中老师。

右上方：激励

这应该经常成为我们的目标。要想为听众创造一次完美的沟通体验，我们的演说内容必须具有目的性（这些信息必须要以听众为中心），而且也要着重于传递演说内容的沟通方式（也就是要具有高的情感共鸣）。

以这个位置为立足点，我们就可以激励别人、转变文化、改变思想并赢得支持者。听众将与你建立情感共鸣，并受到激励从而采取行动。这些都能够产生变化。那么在右上方区域，谁才是我们的模范呢？他们是，美国前总统约翰·肯尼迪与比尔·克林顿、人权活动家与标志性人物马丁·路德·金、前圣母大学橄榄球队主教练与体育节目主持人卢·霍兹、人道主义圣母特蕾莎修女、摇滚明星与人道主义者博诺、反种族隔离领袖与慈善主义者纳尔逊·曼德拉与Facebook公司首席运营官雪莉·桑德伯格（见图3—2）。这些人都非常了不起。

绘制自己的蓝图

你可能会想，“我要到上方的区域！”（至少我们希望你这样想！）你要记住，这些区域能够代表你创造的沟通体验的类型，而不能决定你会成为哪一类的沟通者。我们给你提供的所有这些名字与参考要点，就像是路标，来帮助你识别每个区域的“典型代表”。即使在我们最辉煌的日子里，我们也无法总是进行激奋人心的沟通——这很正常。比如说，当我们在与同事们一起吃饭时说“把盐递给我一下”时，我们并不是想激励他们。

但每一天中的每次关键的沟通都需要一个目标。我们要用图表绘制出来！你要了解，你究竟想要创造怎样的沟通体验？一定要着重考虑你所想要达到的目标。我们主张，我们不必总是徘徊于提供信息的区域。即使你与你的团队仅仅只有 10 分钟的会谈，而你认为你的目标只是提供信息，那么难道你就不能让你的讲话与你的团队有更多的关联吗？难道就没有其他方式来加强情感上的共鸣吗？你的目标是让的行为与提供信息的方式向右上方移动。你越能创造一次激励人的沟通体验，你将越能让人对你记忆深刻，你将更加有效率，更有说服力，也更引人入胜。

心中有了那个更大的目标之后，让我们看看几个例子，来分析一下具有目的性如何能让你从一个沟通区域移动到另一个区域。

超越提供信息——离开左下方的区域

被称为“阻挠议事”的议会活动是由美国参议员约翰·C·卡尔霍恩于 1841 年发明的，而这项活动能够家喻户晓则取决于 1939 年的电影《史密斯先生去华盛顿》里的吉米·斯图尔特。1951 年，美国南卡罗来纳州的参议员斯特罗姆·瑟尔蒙德创造了长达 24 小时 18 分钟纪录的“阻挠议事”，其目的是反对《民权法案》的通过，在这个过程中他仅靠止咳液与妻子为他准备的牛排三明治来维持体力。2013 年 9 月，参议员特德·克鲁兹用了足足 21 小时实现了参议院历史上一次最为荒谬的“阻挠议事”，在这个过程中，他读着苏斯博士的《绿鸡蛋和火腿》书中的片段，扮演着达斯·维达

（黑武士）的形象，引用着真人秀《鸭子王朝》，并赞颂着白色城堡汉堡包连锁店。

如果有人曾经把你的推介会比作是一种政治阻挠议事，那么我们现在就可以告诉你，这绝不是在夸你。“阻挠议事”是一种冗长的、令人厌烦与枯燥无味的演说，而且演说除了信息还是信息。演说者的目的仅仅是发表演说，以及拖延时间。

阻挠议事者处于提供信息区域的最底端。实际上很少会出现那么坏的情况。但在左下方很多人却与这样的人相似。你所表达的信息有多少会被认为是“阻挠议事”的内容？是在混时间？或是在灌输数据？如果你仅仅是向你的听众灌输信息，那么你就无法赢得你的听众。如果你让听众觉得你的话过于枯燥无味，他们就会对你反感。他们会说：“我简直快要闷死了！我这一辈子都不愿再回来待这样一个小时！我只想离开这里！讲完之后，你叫醒我一下。”你用灌输信息的方式折磨你的听众，而听众则被迫要安静地听着，这种情况实际上会引发听众里的一些人对你与你提供的信息的反感。

一位正在走出左下方区域的知名商业领袖是马克·扎克伯格——Facebook 的创始人与首席执行官（见图 3—3）。

图 3—3　扎克伯格的沟通导航

2010 年 6 月，扎克伯格出席了由《华尔街周刊》举办的发展八国会议。在那里，他接受了发展八国会议的执行人沃尔特·莫斯伯格与卡拉·斯维西尔的提问。扎克伯格并没有直接回答向他提出的任何问题。相反，他自顾自地讲述着一些事先准备好的讲话要点。

当一位发言人带着准备好的讲话要点参加一次会谈，却一次又一次单调乏味地陈述自己的见解，而不参与现场谈话时，这个人给人的沟通体验是处于提供信息区域的最底端。讲话要点都是事先准备的信息。这些信息只能让你偏离你想表达的内容，让你无法自由地发挥。讲话要点是有用的，能够帮助你记得你的观点，以及把握住讲话的关键目标（我们时常会忘记这些），但有时候这些却让你无法像一个正常人那样去讲话。在发展八国会议上，扎克伯格只顾着自己的讲话要点而不能自拔，就像鞋子踩到了口香糖一样。一位参会者在博客中写道："扎克伯格的讲话要点……他在讲话时似乎讲了 99 遍。"（这对我们来说听起来就好像是一场"阻挠议事"!）而且这也让他也确实很不自在。约翰·帕克兹科沃斯基也评论说，扎克伯格在整个会谈中"让自己汗流浃背"。这种沟通体验会让你牢牢地处于左下方区域的左下方。

扎克伯格在经历了发展八国会议上的尴尬沟通之后，立即着手提高自己的沟通技巧。我们经常会发现客户中有很多这样的情况，每当有了不愉快的沟通，每当升职或责任加重的时候，他们都会感到提高自我刻不容缓。

扎克伯格开始选定自己的目标。《搜索引擎周刊》的阿尔伯特·科斯蒂尔评论说："扎克伯格在发展八国会议的会谈中表现不尽如人意，"他还指出，"一个最知名的社交媒体网络的创始人在一群人面前无法发挥自如”，这说起来就有点讽刺意味了。

转眼到了2011年7月，扎克伯格在一次宣布与Skype联手的新闻发布会上的表现就比以前要好得多。同年11月，在PBS电视秀《查理的时刻》上，他的沟通能力有了明显提高。

与扎克伯格相识的《商业内幕者》记者罗伯特·斯科博尔评论说：“我看到扎克伯格作为一位公共演说者的自信增强了，不管是私底下还是在公共场合都是这样。”这种自信帮助扎克伯格成功实现了互联网历史上一次规模最大的首次公开招股，而这种自信在不断地成长与转型，现在扎克伯格已经领导着一家上市公司。

在2013年的一次营收会议上，我们发现扎克伯格在他的说话语调中表现出了惊人的能量（与他最初的单调声音相比，他提高了很多）。这无疑是有意在向情感共鸣的纵轴上向上攀爬，并一步步地抵达激励的区域。但他还没能达到那个区域——主要是因为他演说的内容始终着重于Facebook的新特征上，即“速度、稳定性与用户体验”，而没有完全将这些特征与Facebook用户、分析师和股东的任何具体的或情感上的益处相关联。

他仍有很大的提升空间。我们已经零星地看到了他的潜力——他已经靠近了“沟通者蓝图”上激励的区域，而且他可能正徘徊在纵轴与横轴相结合的那个点上。通过筹划自己的沟通，任何人都能够在沟通方面获得提高，并成为一位效率高的沟通者，扎克伯格就是一个活生生的例证。

超越娱乐——逃离右上方区域

艾米·波勒是这个星球上最有名的女笑星。她是《周六夜现场》的节目主持人、《公园与游憩》中的明星与让人喜爱的《金色星球》的联合主持人（与蒂娜·菲伊一起）。她是一位知道如何按下我们大笑按钮的娱乐人，而且她在“沟通者蓝图”上的左上方区域做出了了不起的娱乐事业（见图3—4）。

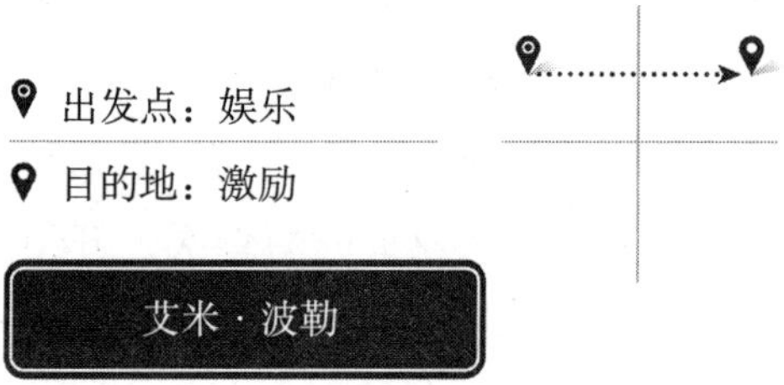

图3—4　波勒的沟通导航

波勒非常关爱需要帮助的孩子，而她也知道如何超越娱乐，来实现为世界孤儿基金会的孩子们募捐的目的。

2013年，波勒获得了“综艺节目终身成就奖”，在比弗利山举办的“女性综艺力量”的颁奖典礼上发表了获奖演说。波勒请现场的听众闭上自己的眼睛，并回想一下自己的孩子与他们自己的童年生活。她讲道：“大家回想一下那些让你感到温馨、幸福与拥有安全感的东西，大家想一想让你觉得很不错的东西是什么，让你的孩子觉得很不错的东西又是什么。我们将这种温馨的感觉放入自己的心房……现在睁开你们的眼睛，并意识到在这个世界上还有很多孩子……”她突然停止了说话——哽咽了——并开始哭了起来。

“这些孩子一无所有，”她接着说，声音撕心裂肺，“这些孩子走进自己的房间，没有人为他们开灯。他们没有衣服、没有安全感、没有食物。他们一无所有。那么在没有任何帮助的情况下，他们该如何继续自己的人生?”

听众鼓起掌来。有些人已经被感动得流下了眼泪。

波勒接着说:“人们在帮助别人时,不会总是谈论那种助人为乐的感觉。这真的是很自私,但这真的会让你感觉不错,这对体现自我的价值是有好处的,而我们应该告诉更多的人去帮助别人,因为这真的让我们感觉不错……我不喜欢与那些总是评论或谈论他人行为的人在一起。我喜欢与那些有梦想、乐意帮助别人与做实事的人在一起。而我今天就和这些人在一起……”

然后,为了把握眼泪与激励的平衡,她总结道:“如果我们能从这次典礼上学到一件事情,那么就是记住,做些慈善活动对你的面子是有好处的——也让你更明智。”

观众开怀大笑——印象深刻。

波勒的 YouTube 演说视频在网络上无处不在。对于她来说,这不是她的第一次。这里重要的是她如何从“娱乐性的艾米”转变为“激励性的艾米”。波勒为自己筹划了目标,创造了想创造的沟通体验。她保留了她天生具有且极为擅长的那些情感共鸣。接着,她通过将自己的演说内容向横轴右边转移,讲话内容以听众为中心,她的目标也从娱乐性转为激励性。这是一种有目的性的娱乐方式,从而能激励听众采取行动。

超越指导——逃离右下方的区域

处于右下方指导区域的独裁老板,总是会对他领导的下属说:“按我说的去做,否则后果自负。”那些在纵轴上向上想要达到高的情感共鸣的领导者,在激励自己的团队时会说:“接受我的影响力,我的视野会激发你并捕获你的思想——你的人生则会发生惊人的转变，会变得更好!”

为史蒂夫·乔布斯工作绝对不是像在公园里散步那样简单。乔布斯是一位完美主义者，我们可以将其描述为“目中无人，充满敌意，永不言弃与决不妥协”，他总是想把事情搞定，并把事情做好。据他的员工表示，乔布斯的典型沟通体验处于情感共鸣纵轴的最底端。“他通常会贬低别人，对人骂骂咧咧，并给人过多压力，直到他们达到各自的极限。在乔布斯追求伟大的过程中，他抛却了礼貌与同情，对人的辱骂从未停止过。”乔布斯对人从不体贴，但是他却让所有人都采取了行动。许多在乔布斯身边工作的人都赞同，当乔布斯活动于指导区域的时候，他对别人的压力总是能让别人更大程度地发挥自我，让他们把自己的工作做到最好，并让他们获得不可思议的成绩。

我们广大公众看到的乔布斯在演说台上的形象，是他那具有磁性的魅力与对细节的注意都有着摇滚明星的风格（见图 3—5)。他针对苹果新产品的主题与发布会都是吸引人的、完美且激奋人心的。乔布斯是有意在这些发布会上创造一些沟通体验——有些人甚至会说他吹毛求疵。正如沃尔特·伊萨克逊在《乔布斯传》中所做的如下描述：

> 乔布斯在准备新品发布时的行为总是具有强迫性。当他对CD驱动盘极为不满时，他会停止排练，然后用其他的排练来确保发布会能够让人满意。他会不断地演练发布会最重要的那一刻，此时他会走过演说台并大声地说：“让我们见见我们最新的苹果台式电脑。”演说台的灯光要非常完美，这样才能让

新机型的透明度清晰可见。

图 3—5　乔布斯的沟通导航

诚然，这种体验是完美的。除此之外，他所传递的信息来得非常自然、自信与友好。当我们看着乔布斯穿着高领针织衫背对着黑色大屏幕站在灯光通明的演说台上时，我们看到的绝不是一位严厉的高管，而是一位创新者。

而如果乔布斯不具有目的性、不去努力工作或练习的话，那么他在演说台上的形象就无法激励听众。据报道，乔布斯会花两天的时间反复练习他的每个主题，每个演说片段都会反复推敲，并从会议室里的产品经理与工程经理那里获取反馈信息，且让这些人也进行一次排练。接着他会调整演说的顺序与影响。这就是他激励人的方式。

他也会在同一时间策划几种不同的沟通体验。还记得 2007 年发布 Macworld 时他的遥控器失灵吗？乔布斯没有僵在台上（正如大多数演说者通常表现出的行为），也没有（像他的员工可能期待的那样）将遥控器放在一边，他在此时讲述了他上大学期间与史蒂夫·沃兹尼亚克玩恶作剧的有趣故事，从而保持着自己的冷峻的外表，也与听众保持着高的情感共鸣。他从激励转变为娱乐，从而让自己更容易再次转变为激励。

你也许会想，这位为我们奉献了 Genius Bar、iMac、iPhone 和 iPod 等种种体验的大师，也想成为一位了不起的沟通者。虽然有很多关于史蒂夫·乔布斯在成为独裁领导者的过程中是否付出了大代价的描述（我们还没有去具体了解），但我们在这里要记住的是，具有目的性将会怎样创造出种种沟通体验。

当你从指导转变为激励时，人们就会追随你——不是为你，而是为他们自己追随你。他们追随你不是因为必须，而是因为他们愿意那样。你没有强制他们接受你的议程，相反，你激励了他们，从而让你的议程成为了他们的议程，让你的事业成为了他们的事业。他们都参与了其中。而你也将拥有迫不及待的、受到激励的追随者。你将成为能够促使人们行动的具有激励性与影响力的领导者。这就是激励区域的力量。

在"蓝图"上无处不在

通过"沟通者蓝图"找到自己的位置并不是一次就能完成的。这就像是体能运动。仅仅是因为你在大学完成过奥林匹克铁人三项，并不意味着你在 15 年或 30 年之后还能以同样的速度完成同样的"游泳—自行车—长跑"运动，特别是你长时间泡在办公室工作，而不是在游泳池锻炼身体的时候。你必须不断地练习来保持身体的良好状态！对于沟通技能，也是同样的道理——仅仅因为你在过去激励过别人，并不意味着你在不努力的情况下就能永远地激励别人。

甚至是那些最具有成就的演说者在关键时刻也会忽略自己的沟通技能。最重要的例证是美国总统巴拉克·奥巴马（见图 3—6）。

许多人都认为奥巴马是有史以来入主白宫最具有效率的公共演说者。

图 3—6　奥巴马的沟通导航

2004 年，奥巴马在波士顿举行的民主党全国代表大会上发表了主题演说，也就是在那时，奥巴马赢得了全美国人的关注。以下是那个演说中的伟大时刻：

> 美国不是自由派的美国，也不是保守派的美国——美国是美利坚合众国。美国不是黑人的美国，不是白人的美国，不是拉丁裔的美国，也不是亚裔的美国——美国是美利坚合众国……我们是一个民族，我们所有人都宣誓效忠于星条旗，我们所有人都在捍卫美利坚合众国！

以激奋人心的口吻说出的这些话，让所有人都坐不住了，他们开始跺脚，开始欢呼——而这些话也帮助了奥巴马在四年之后入主白宫。奥巴马把握了所有这一切：情感共鸣与以听众为中心的演说内容。他将自己的沟通体验定位于激励，而美国也迎来了一颗崛起的政坛新星。

关于 2008 年与 2012 年的奥巴马竞选演说，谈论得最多的一种现象便是“昏厥效应”，也就是说，人们在奥巴马发表演说时经常会昏厥过去。比如说，在北卡罗来纳的一家汽车制造厂发表演说时，他停了下来并说道，“看起来有人可能晕倒了。我们这里有急救服务吗？有人吗？……不要担心。我在开会时，经常有人会晕倒……他们会没事的，我们只要让他们自己待一会就好了。”

现在，我们不是在说奥巴马作为公共演说者的影响力实际上是让人们晕倒——但在最近美国的政界，类似于这种晕倒的情况却鲜有发生……也许从来就没有发生过。你也许会认为奥巴马是甲壳虫乐队的前成员。

但奥巴马并不能总是保持沟通的那种激情水平。在奥巴马的总统任期过程中，他在“沟通者蓝图”上无处不在。与许多公众人物一样，奥巴马经常不会使用讲词提示器。当他机械式地、歌唱式地（这就是他的演说天赋）读着他的讲稿时，他就退回到了“沟通者蓝图”上的提供信息或指导区域。现在，我们要承认的是，一位总统不需要总是能够激励别人。毕竟，他的职能之一便是军方总司令。比如，在一次危机中，总统要做的仅仅是签发一个指令。在右下方的区域去沟通（即指导）经常是情势所需。这也绝对是没问题的。

但在一些其他情况下，奥巴马却错过了一些影响与激励听众的重大机会。例如 2012 年奥巴马与米特·罗姆尼的首次总统竞选辩论。在三次辩论的第一次中，奥巴马完全处于“沟通者蓝图”左下方的提供信息区域。他没有筹划自己的目标，也没有努力去激励听众或与电视观众建立情感共鸣。事实上，许多媒体机构反反复复地用一个词来描述奥巴马在辩论上的表现，这个词就是“教授气息”。

《赫芬顿邮报》指出，奥巴马“未能有效地回应，陷入到他那种教授气息的行为中”。《洛杉矶邮报》同样将奥巴马的表现看作是“颇具教授气息，好像他仅仅是参与了一场乏味的学术讨论”。《纽约时报》也表示赞同：“奥巴马总统的表现看起来太具有教授气息了。”路透社发现奥巴马“具有教授气息，而且说话有点啰唆”。

在奥巴马第一场辩论中不尽如人意的表现之后，许多政治评论员开始撰写奥巴马的政治生涯讣告。有些人还质疑说，奥巴马是不是真的想赢得连任。他对手的选票开始飙升。当一个沟通者在“沟通者蓝图”上的提供信息区域创造一种沟通体验时，事情就会这样，特别是当听众期待更多，而竞选辩论传递那些听众所期待的东西时。对于奥巴马，幸运的是，他意识到了这一切。在接下来的两场辩论中，他卷土重来，创造了种种“激励”的沟通体验——之后发生的事情我们也都知道了。

直到我们亲自看到他的表现。2014 年 2 月 7 日周五的晚上，我们全家人聚在一起观看 NBC 上的奥运会比赛，包括 NBC 的鲍勃·科斯塔斯在俄罗斯的索契（俄罗斯西南地区的一个城市）通过卫星对奥巴马总统进行的采访。我们大儿子杰克逊那时才九岁。当奥巴马解释他为什么无法亲自参加索契的冬奥会时，杰克逊认真地听了三四分钟。接着杰克逊转向我们并问道：“难道他不知道每个人都在看着他吗？那他为什么还是说些嗯嗯啊啊的话？”

杰克逊没错（我们感到非常自豪）。就连一个小孩都知道，如果你想与你的听众产生共鸣，就不能那样沟通。奥巴马错过了一次机会，一次围绕冬季奥运会将爱国主义情怀转化为支持、激励与影响的机会。

巴拉克·奥巴马是一位具有非凡激发力的演说者——当他像这样做的时候。然而，综合来讲，他的位置在“沟通者蓝图”上无处不在。

一切近在咫尺

即使我们的沟通体验与国家安全或奥运会上的贵宾席位没有关系，但我们都是在自己生活的每个场所的沟通者。是的，我们可能仅仅够得上娱乐、提供信息或指导——但为什么就此满足了呢？右上方的沟通区域，也就是激励区域，近在咫尺。

从创造一种沟通体验转变为另一种，这让人感觉是有风险的。但你要相信，我们的回报绝对值得我们去冒这个风险。你得到的回应也将开始改变许多东西。不要只是听我们这样讲，而不去实施。我们一直在为嘉信理财各个层次的员工提供咨询与指导服务，特别是公司的最高管理层（包括楚克本人）。嘉信理财的首席行政官贾伊·艾伦将转变为激励的过程，描述为“一种自我驱动的引擎，一旦你尝到了其中的滋味，你就想要更多”。确实是这样。你的成功将让你为了更大的成功去激励自我。

在每一次与人沟通的过程中，你都要问问自己：“我能做些什么来增强与此人的共鸣呢？”不要只是说：“明天下班前将这份报告放在我的办公桌上。”你要问问自己：“我们用什么方式来与这个人建立共鸣——能点燃此人的激情，并让他充满激情地思考做出这份报告的方式？”

我们要不断地参考“沟通者蓝图”。让它为你指路，让你从现在的位置前进到你想要去的地点。在下几个章节里，我们会告诉你种种方式。

练习

看

- 注意身边的人在“沟通者蓝图”上都处于什么位置：执行官、同事、客户、社区合伙人或教堂里的团体。

想

- 你下次外出用餐时，不要只顾着吃东西。要注意，餐厅老板与服务生让你的感受如何？
- 回想一下最近一次某人试图向你销售某种商品的情形。他所说的全都是关于自己，还是关于你？它是如何影响你的回应的？

做

- 在下次的会议中，不管是行业会议或公司交流会，对你作为演说者想要获得的沟通体验进行筹划。

第四章　行为决定一切

你的行动已经表明了一切，我已经听不到你在说什么了。

——拉尔夫·沃尔多·爱默生

我们的家庭都很爱看“烹饪秀”节目，比如《下一个食物电视网明星》。我们的孩子喜欢这个节目，是因为节目里有很多大人物，比赛场面疯狂无比。而我们喜爱这个节目，是因为鲍勃·图斯奇曼。图斯奇曼是“食物电视网”的总经理与副主席。当他于1998年加入“食物电视网”时，这个栏目只是一个“低预算的烹饪秀栏目”，播着一些半死不活的节目。一年后，他被提拔为节目编导与制片副主任，负责一切有关节目编制的工作：负责“食物电视网秀”的设计创新、制片与播出时间安排，而这档节目将会被一亿个家庭收看。图斯奇曼能够识别与挖掘高水平的人才；他带给“食物电视网”的明星包括拉切尔·雷伊、盖伊·菲尔瑞、吉尔达-德·劳伦迪斯与伊娜·加尔滕。在他的领导下，“食物电视网”在名望、听众与利润上已经成为了全美十大电视网之一。

图斯奇曼最为成功的创造之一是《下一个食物电视网明星》，这是一种关于食物的美国偶像。15位厨师争相角逐，获胜者就有机会在“食物电视秀”上亲自表演。那些有希望的候选人将得到“食物电视网”明星厨师的指导，这些明星厨师包括鲍比·弗雷伊、吉尔达-德·劳伦迪斯与阿尔顿·布朗。图斯奇曼与“食物电视网”的高管同事苏西·弗戈尔逊作为裁判，为这些竞赛者们评分。

对于“食物电视网”明星，图斯奇曼看中的是什么呢？显然，竞赛者必须能够烹饪，可有两把刷子、有创造力以及能够创造一顿难忘的食物的厨师非常多。这里真正难办的是，寻找到一位在摄影机面前能够烹饪，同时也能保持自我魅力、专注与激励人的伟大厨师。这就需要与听众产生共鸣。

图斯奇曼讲道，与听众产生共鸣的关键在于真实性与友善热情——毕竟，听众将会邀请他到自己的家里做客。“我所看中的是他们在台上也能表现自如，”他说道，“当你试图模仿所有人而不表现自我的话，那么你也就没有展示一个真实、自信与强有力的自我。从一个方面来讲，我们所寻找的是一位能深刻认识自我与自己目标的人。”图斯奇曼接着说：“我也能发现许多具有天生个人魅力与无穷活力的人，这些人也总是能马上引起我的注意。他们通常都不仅能成为我的最爱，也能成为听众的最爱。”

我们如何将其转化为你的沟通体验呢？具有本行业的能力是必需的要求。如果你不具备能力，没有人会聘请你、提升你、信得过你或相信你。但行动决定一切。为了能够在“沟通者蓝图”上顺着纵轴向上攀升，我们就需要通过行为来产生情感共鸣，从而让能力与行为方面表现出友善与热情。

这里的问题是，我们通常的做法都是强调自己的能力。“[我有能力] 这也是为什么我能胜任这份工作”；“我能应对那种挑战”；“我将树立榜样”；“我具备那种经验”。我们相信自己是自信的与信得过的专家，而我们也想要别人也了解我们的想法。社会心理学家与哈佛商学院教授埃米·库蒂也表示赞同，并提出，领导界的许多人都强迫自己向他人证明自己的能力，认为只要我们具备能力，别人就会相信我们。这一点是很重要的，但你将发现，研究表明我们首先要与别人产生共鸣。

库蒂谈到了通过沟通行为来表现“友善热情”，以及建立共鸣与信任：

> 越来越多的研究表明，对别人进行影响与领导，要从自己的友善热情开始。友善热情是影响力的导火索：它促使人与人之间的信任与沟通，以及各种观念的接受。甚至一些非语言信号，如点头、微笑与拥抱，都能向别人表明自己很乐意与他们在一起相处，并注意到了他们所担忧的事情。将友善热情列为重中之重将有助于你立即与你身边的人产生共鸣，并表示你听到了他们的话，也理解了，这样也能让他们产生信任。

当我们与别人初次见面，他们对我们的评价所依赖的不是我们的能力，而是我们的友善、热情、谦逊、真实与慷慨。这些都是能够产生信任的品质，也能让你在“沟通者蓝图”上的情感共鸣纵轴上直线上升（见图 4—1）。

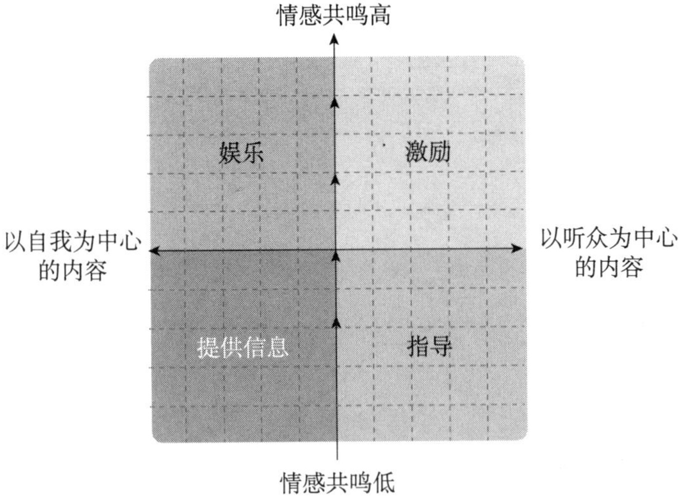

图 4—1　沿情感共鸣纵轴攀升

让人信任的行为

36 年来，我们对数十万人进行指导与培训，我们发现，有五种关键的行为可被称为“让人信任的行为”。我们将会论证为什么视觉因素（你出现在人们面前的方式）对产生信任有着深远的影响。我们也将解释你该如何使用这些行为方式来增强你与听众的情感共鸣。

让人信任的行为

建立联系	眼神交流
用你的激情让听众关注你	肢体语言和动作 手势和面部表情 语言和语调的变化
增强可信度	停顿

视觉的力量

无数的研究结果已经证实了我们的视觉感官要远远强于我们的其他感官。与沟通相关最重要，也最经典的研究是由加州大学洛杉矶分校心理学研究者阿尔伯特·梅赫拉比安于 1967 年所做的，他发现，面对面的沟通由三个部分组成，也就是我们所说的 3V（语言、语调与视觉）：

- 语言（内容：你所说的话）
- 语调（你说话的声调与声音）
- 视觉（非语言行为方式，譬如面部表情、手势与动作等）

梅赫拉比安得出结论，语言、语调与视觉之间越协调，你所传达的信息就越具有可信度与说服力。他同时表示，当这三者无法协调时，也就是当你所说的话与你说这些的方式无法保持一致时，听众就会更为倾向于你的视觉行为方式与说话的语调，而不是你说话的内容。

沟通的 3V 构成

语言（你所说的话）	7％
语调（你说话的声调与声音）	＋38％
视觉（你给人的视觉效果）	＋55％
	100％

这就意味着，当人们听你说话时，他们也在决定是否要信任你，是否要喜欢你。如果你沟通的语言、语调与视觉内容都能保持协调一致，那么听众们也就更可能相信你、喜欢你，并信任你所说的话。但如果你所说的话与你的行为之间存在不一致，那么人们将相信你的行为，从而对你所说的话大打折扣，就好像你从未说过这些话。语调与视觉方式完全压制了语言。事实上，视觉因素的主导效应非常强，它可以让你的语言信息本末倒置。

打比方说你是法院审判席上的一名被告。你举起你的右手说道："我发誓，我所说的是事实，尽我所知，所述之言纯属实言并且无任何隐瞒"——然而在你提供证词的整个过程中，你说话的语调总是犹豫不决，战战兢兢，你总是紧张地用指头连续敲着桌子，总是回避别人的眼神接触，坐立不安，以及吞咽着口水。这个时候，就不要指望判决书会对你有利。你承诺讲的都是事实，但你的行为却让你的承诺大打折扣。

现在，陪审团的人会无意识地将你的语言、语调与视觉信息拿来做比较。他们会马上做出判断。他们是否喜欢你？他们是否会觉得你可信与具有说服力？他们甚至根本就没有意识到他们在做出这样的判断——这来得太快了。

人们做出这些判断是通过被心理学家称作为"见微知著"的过程进行的。这个术语是由研究者纳利尼·阿姆巴迪与罗伯特·罗森绍尔于1992年在《心理学公报》上发表的一篇论文中创造的，进而由马尔科姆·格莱德威尔在其著作《决断两秒间》进行了普及。"见微知著"是一种根据非常少量的经验来形成印象、判断与结论的过程。我们通常会使用这种方法（根据有限的信息做出结论）来避免信息过多的情况，或避免“分析出现麻痹”。我们具有这种本能的能力，我们只要看看一个人的表情，就能判断这个人的心情如何。马尔科姆·格莱德威尔做了如下解释：

见微知著不是外来的礼物。这是人类的本性所具有的。无论何时我们遇见一位陌生人，或想快速了解某些事情，或遇到一种新的状况，我们都会采用“见微知著”的处事方式。我们如此行为是因为我们不得不质疑，而且我们越来越依赖于这种能力，因为在很多情况下，我们对细小事情的仔细观察，哪怕只有短短的一两秒钟的时间，都会告诉我们很多东西。

我们所有人都具有判断的能力，而且能很快做出判断。你每次说话时，人们就会形成对你的各种印象。他们这是在对你“见微知著”，也就是进行瞬间的判断——而这些初步的印象，甚至对那些非常了解你的人都是非常重要的。如果你想建立信任，如果你想要自己说的话具有说服力，那么你就得在语言、语调与视觉上保持协调一致。

我们的一个客户是一家专门为法庭案件审理提供专家证人的公司，该公司的员工主要都是活跃于各领域的科学家与工程师，其中70％的人员都至少拥有诸如麻省理工学院与加利福尼亚理工学院的一个博士学位。这些专家们经常被传召到法院为汽车制造商与其他工业公司，甚至政府机构作证。我们的工作则是帮助这些科学家与工程师学会如何与他们的听众建立情感共鸣，从而让他们成为更有成效的专家证人。可以说，很难让这些受数据驱使的人接受为什么必须要与听众建立情感共鸣。他们会说：“我们所要做的一切就是陈述事实，陪审团自然会从逻辑的角度分析案件。”

研究则告诉我们事实正好相反。桑佳・库坦甲克・伊弗科维与瓦尔利・P・汉斯于2003年发表的关于陪审团对专家证人的研究发现，陪审团倾向于根据专家证人的行为来达成最终审判，而不是根据事实与逻辑。

几位陪审团成员也说过，在面对辩护方专家证人有分歧的证词时，他们会依赖于对证人的肢体语言、手势、面部表情与眼神的观察，来决定他们会相信哪位证人。以下是一位陪审团成员与一位记者的对话：

记者：当两位专家证人出现争论时，你如何弄明白哪位证人说的话是对的？

陪审团成员：他们在说谎时你就可以分辨出来。

记者：你能分辨？你如何能分辨？

陪审团成员：我不知道。如果你看着这些人并研究他们，你就能发现一些东西，就是这样……

记者：那么你是不是留意他们说话的方式，或者是不是会留意除了他们的话之外其他一些地方？

陪审团成员：你要留意他们说话的方式。你留意他们的眼神，留意他们的动作……如果他摇摆不定，而当另一位律师向他提问时，他表现得好像听不懂提问。这种情况下，他就是有问题的。

研究者得出结论说："专家（传话的人）的特征与证词本身（所传的话）的真实性与风格对专家证词给予陪审团的综合影响力非常重要……陪审团的评估似乎会受到专家们陈述信息的影响……也可以这样讲，最优秀的专家证人应该是一位非常好的老师——懂得如何进行陈述的人。”

不论我们喜欢与否，这就是事实：即便在法庭上，人们也会相信情绪，并为其提供事实依据。每当你与人沟通时，你要传递的信息必须具有协调性——你的语言、语调与视觉频道必须能保持一致，这样别人才会相信你。一旦人们根据情绪而决定相信你，他们就会接受你陈述的事实、信息与逻辑。但如果他们在情绪的层面都不能相信你，你说的话就无法被接受。你的听众就不会听你讲话；你这就好像是对牛弹琴。所有这一切都取决于你所传达的信息的一致性（或不一致性）。你要说的话必须要与你说话的方式相一致。要记住，你这是在创造一种沟通体验。

现在我们来看看需要审慎对待的地方：思考一下上面提到的语言、语调与视觉，并回想一下你每次在进行会议、促销活动或推介会时会花费多少时间做准备。我们回头看一下第一章中谈到的自欺欺人的谎言 1，如果你喜欢我们工作的大多数人，那么你在语言方面就接近于 99%。我们认为如果我们说了那些话，别人就会明白。但实际上你所传达的信息只是左耳朵进，右耳朵出。而且，如果那些信息不一致，我们就浪费了大量的时间去准备，而最终又未能达到效果。

我们需要停下来问问自己：“我在讲话时将如何做才能让大家欣然接受？我的听众对我有什么样的想法？我能与他们建立共鸣吗？他们会相信我吗？他们会觉得我可信吗？我是在表现自己的热情友善，还是自己的能力？我是在为自己的听众创造一次让人乐于参与的沟通体验吗？”

好吧，在我们继续讲述之前，让我们进行一次快速的审查。为了能够建立起一次情感共鸣，并在“沟通者蓝图”上的纵轴上向上攀升：

1. 我们必须具有热情友善的品性与能力，而且我们要把这种热情友善表露出来；

2. 我们的讲话必须具有一致性，这样我们的言语就能与我们的行动相匹配。让我们快速地对五种可信的行为进行运用。

最终，我们的行为就是自己的习惯。不妙的是，习惯往往是无意识的（我们对习惯很少思考），所以要改变习惯是有些困难的。好消息是，我们可以改变自己的习惯！我们只需要不断地催促自己走出舒适区域。在我们运用这五种习惯的过程中，要思考你自己的习惯都有哪些，以及你明天开始做的不同的一件事是什么。

创造共鸣：眼神交流

我们来设想三种场景：

1. 鸡尾酒会。

> 你偶然遇见了一位熟人，为此你感到很兴奋，而她显然也感到很兴奋。你们俩于是开始交谈，但几分钟过后，正当你跟她讲述着最近的境遇时，她快速地向你的身后望去。这没什么大不了的。你没有停下来，仍然继续讲着自己的一些故事。接着她再一次地向你身后望去。这一次你也转过身来向自己的身后望去，看看到底是什么情况。哦，她感到很尴尬。她发现你注意到她在找寻其他的人。现在你根本就不知道你一开始都谈了些什么。而唯一的希望是服务生拿着法式吐司来拯救你们俩所处的尴尬局面。

2. 你的经理的办公室。

在你走进经理的办公室之前，你很有礼貌地敲了敲门——毕竟，这是办公室基本的礼节。你很快就注意到经理正在自己的笔记本电脑上不停地打字，但在你说“我稍后再过来”之前，经理就招手让你进去，并问道：“有什么事吗?”经理没有停止打字，并咕哝着：“你说下去。我只是想把这些事做完。”你犹豫不决地向经理讲述下周 QBR 的大致情况，你也确实需要经理给出些意见，但你却只得到了一些嗯嗯啊啊的回应。

3. 厨房。

你正在对你的好朋友商量周末的安排。他似乎对此很感兴趣，但正当你开始认真讲述你是否能够具体实施你的想法时，他从口袋里掏出手机，并开始回复最新的一条信息，口里还自言自语地说着“嗯哼”。你静静地等着他办完手头的事。

新的感触：当你在与人沟通时不进行眼神的交流，你就等于没有与人沟通。你也就失去了你所建立起的共鸣。

对于眼神的交流，我们都有自己的习惯。现在我们就得弄明白我们的这些习惯是什么。你进行过眼神接触吗？你的眼神接触够强吗，或者说你在与人接触时，你的眼睛是否对他们一扫而过？你可能会用怎样的方式打破你所建立的共鸣？你会抬头思考，或者你是在低头看着地板或桌子的时候想问题呢？你会与会议室里的每个参会人员建立共鸣吗，或者说你的注意力只是集中于决策者？

这些眼神交流的习惯会影响别人对你的热情友善的看法。如果不与人进行眼神交流，我们给人的印象则是毫无兴趣，甚至是毫不在意与冷漠。喜剧演员杰瑞·宋飞曾嘲笑那些喜欢拿着手机分心的习惯，他说道："我们知道现在什么是粗鲁吗？我能拿着一本杂志放在你的面前，而在你正在讲话时读着这本杂志的内容吗？那样行吗？"

也许更多的坏处在于，缺乏眼神交流会破坏别人对你的能力的认识。丽莎·康蒂妮是我们的一位客户，她是一位销售培训高管；她意识到自己在工作中与人交谈时，会不自觉的眼睛下垂，或是闭上双眼。"我只是停下来思考我想要说的话，但我给人的印象是我不知道该说些什么。"丽莎讲道。几年前的一次会议上，她与一位同事就某个问题产生分歧，于是她眼睛下垂思考问题，这位同事却认为她缺乏自信，接着对她的抨击更加猛烈了。

眼神的交流是首要的行为技能，因为它能与听众建立共鸣，也能对其进行破坏。从生理上来讲，视觉感官是发挥主导功能的感官。连接眼睛与大脑的神经通道比连接耳朵与大脑的神经通道要粗25倍。在大脑接受的所有感官信息中，视觉信息具有最大的影响力，并能够在我们的记忆中产生最深的印象。这也是眼神交流对于沟通体验至关重要的原因。

要注意的是，这里我们说的是眼神交流，不是眼神接触。我们所接触到的大多数人都颇为擅长眼神接触——当然还是有很多人会时不时低着头盯着自己的鞋子，但大多数情况下，我们看着别人不会感到不自在。问题是，仅有眼神接触是不够的；你需要进行眼神交流。当你在讲话时看着你的一位同事，它所传递的是你的自信，让人对你存有敬意。正如《华尔街日报》所报道的：

在一次辩论中或一次分歧中延长眼神的接触，能表示你在坚守自己的立场。这同样也表明了你在生物链上的位置：一份 2009 年的关于影像与视野计算的研究表明，相对于其他人来说，拥有高地位的人会对他们的说话对象进行更长时间的注视。你与别人的眼神接触最多是一扫而过。

我们在与人一对一的交谈中颇为擅长更持久的眼神交流。我们通常会注视其他人 7～10 秒的时间，然后停下来看看窗外，或低下头看看我们面前的文件资料，接着再次去注视对方。这是很正常的，而且也是我们在与人交谈时所实施的法则。

但一旦进入有更多人的房间之后，所有的一切都发生了变化。我们不知道要看向哪里，或者是看多久。我们不知道该去看哪个人：是看那个点头与微笑的人，还是去看那个双手交叉在胸前并皱着眉头的人。我们开始快速地扫视着房间里的人，或者低着头看着地板，这样就根本无法建立共鸣。

当你与多于一人讲话时，你都要将他们当作是个人的集合。想象一下，你正在与每个人进行一对一的沟通，而这些人恰好坐在了一个人群中。你对每个人的注视应该要持续多久？答案是 5 秒钟。在一对一的交谈中，我们实行的是 7～10 秒的法则，而在集体沟通的情况下，该法则则缩短至 3～5 秒。其目的是反映出一对一的沟通体验，从而与听众建立起共鸣。但在集体沟通的情况下，对单个人的注视不要持续 7～10 秒，这是非常重要的，因为这表现出你特别的不自在。

不管交谈的房间是否越来越大，我们都可以实行5秒钟法则。你要做的是，根据实际情况进行策略调整，以对自己有利。这就是所谓的“光环效应”。你可能是在看着一个人，但在更多人的房间里，那个人周围的十几个人会感觉你在看着他们。你只要牢牢进行5秒钟的注视，你就能与十几个人或更多的人产生共鸣——而整个房间的人也会因为你的眼神交流而与你建立起共鸣。延长眼神的交流表明你在关注他们，你在融入他们，从而产生共鸣。

练习

● 掌握5秒钟法则。在练习眼神交流时，心里数到五。起初你可能会感到不自在，但很快你就会对5秒钟的眼神交流得心应手。想象一下：在这5秒钟内，房间里没有人在注视你。在你日常交谈中，练习一对一的眼神交流。而且当你在练习演说时，在纸上画出一张张脸，并将这些画出的脸放在房间的各个位置，然后练习与每张脸进行5秒钟眼神交流。当你与听众进行5秒钟的眼神交流时，你传递的是自信。人们喜欢并相信那些能够建立良好眼神交流的演说者。

● 脱离自己的陷阱。为自己设定成功的目标。在会议开始之前与结束之后把你的手机放在一边，在一对一的会议中关掉你的笔记本电脑，在举行大会议时，不要使用信息监控仪与讲词提示器（最起码要知道如何正确地使用这些工具），不要把仅仅只是扫视听众称作为“眼神交流”，因为这算不上，要更自在地更长时间地注视听众。

用你的激情活力让听众关注你

还记得第一章我们所谈到的“当我发表讲话时，我就是了不起的”吗？我们发现，实际上，“当你表现出自我的真实性时，你才是了不起的。并不是在你发表讲话的时候”。正如我们在第一章讨论的政党候选人，我们在发表演说的时候，正是我们失去自我的时候，我们也就只是在机械地向听众灌输数据。我们为了强调自己的能力而假装表现出果断与“执行力强”的样子，这样一来，我们上周六在后院烧烤时的友善热情与情感共鸣就会消失殆尽。

我们这样做的时候，就等于让听众有了种种忽略你的理由。这对你的影响力与行动非常不妙。要修复这种状况就需要我们投入大量的激情。对于激情，我们可以通过自己的姿势与动作、手势与面部表情、说话的声音与不同的声调来提高我们的友善热情，以及提高我们在“沟通者蓝图”纵轴上的位置。

用你的活力让听众关注你：姿势与动作

Venrock 是一家资本融资公司，该公司因早期对苹果公司、英特尔以及 DoubleClick 进行了投资而闻名。雷伊·罗斯洛克是该公司的合伙人，他曾听到那些想要得到 Venrock 融资的企业家的游说，没有上千次也有上百次。他讲道：“如果让我回忆我遇到的所有游说，我更愿意说，那些站着游说的人比坐着游说的人要么能得到更多的资金投入，要么至少也能自然而然地提高他们融资的概率。”站着游说吗？是的，正是这样。

站着演说与坐着演说在活力上存在着巨大的差异。这种差别能让与活力相关的其他技能都活跃起来。你的行动、动作与微笑都会增多。但仅仅因为你是站着的，并不意味着你将自然而然地传递友善、热情与自我能力。事实上，当你坐着的时候向后倚靠，身体倾向一边，在座位上前后移动或者在别人面前跷着二郎腿，你就产生了相反的效果，并让人觉得你对自己做的事情无所谓，甚至是信心不足。

站着能传递好的效果。而如果能在站着的时候运用一些动作，那么沟通体验则能达到更好的效果。2013 年秋，本参加了在亚利桑那州凤凰城举行的全国广告人协会会议，在那次会议上，营销业与广告业的精英汇聚一堂，学习最好的实践经验，并相互结识。沃尔玛首席营销官斯蒂芬·奎恩以及 DaimlerChrysler 首席营销官奥利弗尔·弗朗索瓦在主讲台上发表演说，并根据自己的公司为大家分享了引人注目的营销策略。在许多优秀的演说者中，他们始终站在讲台后面，始终没有移动自己的身体。

在这之后，可口可乐公司首席营销官约瑟夫·特里博迪开始发表自己的主题演说，但他不是站在讲台前面发表的，而是面对着大约 1 500 名参会人员，站在主讲台的中间发表的，而且肢体语言丰富，在主讲台上走来走去。他为这个房间带来了一种全新的活力——而这是一个非常大的房间！本对此的第一印象是特里博迪“自信，有激情——他拥有所有这一切”。这之间的差别是什么？那就是动作。他始终没有在讲台前面站着。他在讲台上的步伐也不像被囚的老虎那样拘束。他的动作具有目的性、参与性强，并能与听众建立共鸣。他牢牢地吸引住了听众。

运用准备就绪的姿态

准备就绪的姿态源于运动员。设想一下体育场上有许多参加联赛的小队员。我们有一位客户曾对我们说过，他永远无法忘记准备就绪的姿态，因为他曾是一位教练，他曾对体育场上的孩子们大声叫喊着“让我看到你们准备好了！”如果你不擅长棒球，那么就设想一下你在打网球或排球时能够摆出的姿态。首先，挺身站直——想象一下有一根绳子拴住了你的头，并把你的头向上拽——然后让你的肩胛骨向后背张开（不要让你的肩膀向后张开，也不要让你的胸向前突出）。接着，让你身体的重量均衡地散布于你的脚掌下面靠近大脚趾根的球形部分，这样一来，你的活力就会尽显于你的听众。

你坐着的时候也能拥有准备就绪的姿态。将身体移向座位的前面，挺身坐直，将你的双臂不受拘束地放在桌上，身体前倾，但双肘不要受力。

移动身体！

拥有自己的活动空间。移动身体能获得非常好的效果，但过多的身体移动所达到的效果就像始终站在讲台后一样糟糕。我们要有目的地移动身体，也要有目的地停止移动。这里最好的方式则是让你的眼神交流配合你的身体移动。如果你把你的听众当作是单个人的集合，并且你延长了眼神的交流，那么就能很自然地受听众注意。看着听众里的一个人，并走向他。接着在那个位置停下脚步，去看房间同一端的其他一个人。接着再看向房间另一端的一个人。

练习

● 时刻保持就绪。准备就绪的姿态只是一个习惯，而你可以在任何地方对此进行实践。你可以试着持续保持准备就绪的姿态，同时你的双臂要不受拘束地放在身体的两侧——在排队购买肉饼时，或在等待你的拿铁咖啡与同事聊天时都可以实践。要把这些场景当作你的主场。

● 在你通常坐着的情况下站着。坐立时会削弱你的活力。一旦坐下来，你就会更加严肃，手势变得少了，声音也弱了。所以要站着。在10人或更多人的会议中，试试这样去做。

● 来回走动。要事先挪开阻碍你移动的任何障碍。你需要从房间的一端走向房间的另一端，从而了解自己如何在这个空间中来去自如。

用你的活力让他们关注你：手势与面部表情

要无拘无束，像在家里一样

手插在口袋里、手插在口袋里并玩弄着口袋里的硬币、不时转动手指上的戒指、手握拳头、双手轻拍与搓手都是表现出你很紧张的手势。紧张的手势看起来……当然是让人觉得你很紧张。你的这些习惯会让你的听众注意力分散，并毁掉你试图要建立的沟通体验。

我们多数人的手势都比较有限，除非你来自一个大的意大利家庭，像凯利那样。我们会使用手势，但这些手势对于我们所建立的沟通体验却影响不大，或根本没有影响。通常情况下，我们的双肘紧贴着我们身体的两侧，而且我们的手势用在一个非常小的范围内，这看起来很安全，也非常合理。

手势是沟通的另一种不可缺少的组成部分。手势是一种非常好的工具，能让你的沟通具有活力，让你拥有主人翁意识，并让你掌握沟通的主导权。然而当谈到手势时，我们很难在少用手势与滥用手势之间找到一个“完美的平衡”。事实上，我们在行为方面对别人进行指导所遇到的首要问题是，“我如何做手势?”

要无拘无束，像在家里一样。在做手势与停止手势之间找到平衡。当你运用手势时，你应该能够无拘无束！你可以使用你已经用过的任何手势，并让你的双肘尽可能地不要贴在身体两侧。你可以讲述一个垂钓趣事，谈谈你是如何钓到一条六英尺长的大鱼，用手势表现出来（就是这样无拘无束!)。接着将你的双手自如地放在你身体的两侧，来为所有这些保持平衡（双手不要放在你面前或在身后握拳或交叉，只是自如地放在身体的两侧)。

练习

● 了解你的那些让自己紧张的手势。你可以对自己进行视频录像或让一个好朋友来给你一些反馈。弄明白哪些手势是你擅长的，以及哪些手势是你比较生疏的。接着从这些点出发改变自己。

● 让你的手势与你说话的内容相一致。如果你在讲话的过程中很难决定要采用什么样的手势，那么就试试根据你说的话做手势。比如说，如果你是在将一年的业绩与另一年的业绩相比较的话，你就要把左手尽可能地向左边伸开，并把你的右手尽可能地向右边伸开。如果你在一个会议中想谈论三个问题，你就要把你的手举过你的头顶，并伸出三个手指。（注意：对于表示数字的手势还是有限制的。我们曾经看到一位参与者用手势表示 1 756。他抬起自己的手臂，伸出一个手指，接着他把双手举过头顶并伸出 7 个手指，接着一只手又伸出 5 个手指，最后用双手伸出 6 个手指。他的这种举措的确很顽强。要记住，用手势表示数字最多不能超过 5!）

● 要灵活多变。不要总是模仿政治家的手势，即紧握着双手，并将大拇指指向听众。不要总是重复同样的手势（“服务生”的手势就很常见，这种手势即将你的手掌朝上并向听众的方向伸去，就好像你托着一个餐盘）。相反，你要看看其他演说者与领导者是如何表现的。要接受那些切实有效的方法，并自己进行尝试。要拓展你的才能。

放轻松

在扑克比赛中，你保持着严肃的样子固然是好的，因为你这是在隐藏你的一切情绪，但这对于建立人际关系却很不利。微笑是让别人喜欢你的关键。我们曾经为一名金融公司的首席执行官以及他的高管团队进行过一次培训。我们马上就发现，这位首席执行官总是一副严肃的表情，脸上没有任何笑意。在我们与他进行谈话之后，我们发现他是一位乐观积极的人——只是这些没有在他的脸上显露出来。这就需要通过视频记录来进行反馈。

在摄影机录像的过程中，我们让他谈了谈公司在下个月将要实施的新计划方案。他谈论着这个新机会，以及能为公司带来更好未来的好消息。接着我们把他的高层领导小组叫到了房间里，并回放了他谈话过程中的录像——大家都沉默了。

我们问道："这位首席执行官是在传递好消息，还是坏消息?"房间里的所有人毫不犹豫地说道："坏消息。"一个人还补充道："从他的表情来看，我敢说我们所有人都要被解雇了。"

这就是言行不一致所传递的内容！那个房间里的人还没能明白这位执行官所说的内容，但从他的表情来看，他们只知道自己完蛋了，前途一片渺茫。而他传递的却是好消息！

遗憾的是，虽然这件事听起来很荒谬，但却不鲜见。商业领袖所面临的巨大挑战是表现出自己兴奋的情绪。我们一直强调的是，如果你想让别人严肃对待你，那么我们就得严肃。毕竟，每一个决策都涉及数百万美元。我们赞赏一家大型电信公司的执行官对于这个问题的解释方式："我们公司的总部大楼是分级别的。执行官们在最顶楼。在 36 层的大楼中你越往上走，你得到的就是越严肃的对待。"

让你的沟通体验多一些友善热情的最简单的方式便是微笑（但这不是最容易的方式）。有大量的研究表明，即便你不喜欢微笑，它也能够成为让你梦想成真的预言，并感染你身边的人。一行禅师也说过："你的欢乐有时候是你微笑的根源，但你的微笑有时候也能成为你的欢乐的根源。"

而让人惊奇的是，你所表现出来的微笑同样能增强别人对你的能力的看法。当你微笑的时候，你所展现的自己是冷静的、不受拘束的、开明与友善的。当你表现得过于严肃时——你可能在思考，而在这个过程中，你的所有与活力有关的其他技能同样难以得到发挥，并且无法运用自如——这样你就变得越封闭。这几乎就好像你能看到这种窒息的气氛，是的，你甚至能看到紧张。当某人微笑时，你很难看到他们的紧张情绪（不管他们是否紧张!）。

那么就微笑吧！在这里，我们并不是让你像一个精神错乱的人或一位卖便宜二手车的销售员那样狂笑。相反，要想一想在你的脸上增添一些光彩。抬起你的脸庞，并通过你的眉毛把你的表情张开。你的脸上还应表现出一些活力。让你的同事给予反馈，看看你是否微笑过头了。我们的目标是过多的微笑，而这几乎是不可能的。在我们的职业生涯中，我们在全世界只见过两个拥有过多微笑的人。

练习

● 看看你的语言与视觉效果是否相一致。你所说的话与你说话的方式是否吻合？考虑一下我们之前描述的让人沉默的视频练习。假设有人对你进行了视频录像，而你正在召开让人兴奋的、对新员工的表彰大会。如果你打算为他们颁奖，那么你就得微笑！

● 寻找那些点头的人与微笑的人。听众里的这些人似乎是完全接受了你所说的话。你将看到他们微笑，所以你也要对他们微笑。更好的方式是，在听众中找准一位能对你微笑的朋友，从而提醒你要保持微笑！

用你的活力让听众关注你：声音与声调的变化

毋庸置疑，你说话时发音的方式会在很大程度上影响别人看待你的方式。正如《华尔街日报》报道的，当人们听到粗鲁的声音、微弱的声音、焦虑紧张的声音或是说话时夹杂着喘气声，他们就会认为说话的人消极、软弱、悲观或紧张。而说话使用正常语调的人则会被认为是成功的、具有魅力的、交际能力强与睿智的。

对比一下下列情形——并思考一下听众的沟通体验。

第一种情形：一次投资者见面会。你所听到的声音是怎样的？很多单调的声音。还有节奏慢的推介会。首先，一个低职位的小伙子快速地向大家演示了一遍幻灯片。接着一个更高职位的女人，语速很慢且非常谨慎地发表了演说，让人几乎要打瞌睡——她说出了每个词的每个音节，而且词与词之间还进行了停顿，之后，公司律师进场，说着一些让人难以忍受且枯燥无味的详细情况，他自己在说完每句话时都会叹气，好像他也知道这些内容非常无聊。

另一种情形：你与自己最要好的大学室友及他们的家人进行烧烤晚会。在这种情形下你都听到了怎样的声音？大家都在相互问候近些年的情况，相互勾肩搭背，并回忆过去种种值得留恋的事情。一个人谈起他上次钓鱼的情形时挥舞着一把巨大的烹调用铲。而另一个人则压低着自己的嗓音在独家爆料，这样经营了三年养牛农场的经历就不会受到别人的嘲笑。接着突然有人告诉大家，她正在利用两年的大学休假期成为 Sonoma 的一家红酒制造商，然后大家都聚拢过来了解详细情况。

这就是活力所产生的区别！这两种情况经常出现在你的会议室

里、股东大会上或销售促销时。如果在谈生意时能够像烧烤晚会那样，你是不是会更积极地参与其中？那样你在“情感共鸣”纵轴上的位置就当然能够提升。

你下次在商业会谈中进行沟通时，可以试着想象一下你正在烧烤晚会上。用你拿着烤架时使用的同样的声音、个性与声调，来描述你对新的商业方案的感受。你在后院烧烤晚会上所表现的自我，是最自然、最不具戒备心、最善谈与参与度更强的自我。你可以把这当作是真实性的参考。

声调是关键因素，你可以用以下三种方式让其发挥作用：

音调

你可以继续将单调的音调放在让“情感共鸣”停止的“向下箭头”上。但如果你还是只具有单调的声音，你就不会与任何人产生共鸣。

涉及音调的一个最平常的问题是“音调过高”。无论是中学女生，还是当今的商业沟通，我们都面临着一个难题，即隐性的问号，也就是在一句话说完时音调会自然而然地升高。也许你也有这种情况。在高管们很快说出他们要完成的事情时，就能听到很多这样“音调升高”的情况。大多数情形下，这都是无意识的。他们想要自己表现得更加友善一些，但实际上，他们给人的感觉却是能力不足。

如果是你的话，要试试用陈述句结束你的说话，而不是问句。要尝试发表结束语时的音调比开始发言时的音调更低。并考虑在每句话说完时停顿一下（尽管在视觉上这样会让人显得消极）。

说话的速度

人们所关注的不仅仅是你说话的音调，还有你说话的速度。人们总是认为，在高层会议上，缓慢、稳定的说话速度才是说话高雅的典范。或者当你在给出建议时扼杀所有让人兴奋的东西。你在与你的家人说话也会这样吗？当然不会。有时候你会慢慢地说话，而有时候你为了表明一个态度，你必须得综合许多词语快速地说出来。这是融入情感的表现方式，也是让你得以在“情感共鸣”纵轴上攀升的必备手段。这能够让人们更多地参与进来。多样化能让你的生活更丰富，也许我们已经说过多次，而这同样是你说话速度的目标。因此要不断地调整你说话的速度。在此，最佳境地应该是过于正式与过于随意之间——应该具有谈话的气氛。当你要表明自己的关键点时，你要做的是，让人感觉并听起来自然，就好像是在你的后院烧烤聚会上。

说话的音量

不停地调整你说话的音量是让人持续关注你的关键。如果听众不得不向你靠拢并仔细地听你讲话来获取细节内容，那么你就获得了他们的注意力。但如果他们根本听不到任何细节，你就失去了他们。听众越多，房间越大，你就需要用更高的音量来讲话。好消息是，说话使用更大的音量会自然地提高你的语音的多样性与声音的范围，让你拥有更多的活力，并有助于你与听众建立共鸣。正如在烧烤晚会上，要自然地改变你说话的音量。

如果你有着柔弱的声音，你可能会认为你在叫喊。如果人们听不到你说话，你就要着重于将你的声音向听众推过去（而不是叫喊出来）。

练习

● 自我诊断。向自己发一个语音消息，或用自己的手机进行语音录音，听一听下次的会议或讲话时自己说话的声音。说说你的想法，你表现出了激情吗？在你自己的声音里，很容易听出语音的多样性与情绪吗？你说话时音调单调吗？试试让你的声音与你的感受保持一致（要记住语言、语调与视觉）。听听看，你是在提问，还是在做陈述。

● 规划你的声音。要想想将你的声音向外扩散出去，而不是大声地喊着说话（当你大声喊着说话时，这听起来就好像是在向你的孩子们吼叫，任何人听了都不好受）。当你大声说话时，你会很难再提高你的音调，或很难保持单调的音调。要使用你的核心肌肉与隔膜来将你的声音向外扩散出去，而不是从你的喉咙里提高你的音量。

小贴士：适当运用活动技能

1. 任何技能都不能过度实施。

涉及活力的技能都是一些最难掌握的技能，因为我们的习惯都是根深蒂固的。当你在实践这些技能时，要记住：任何技能都不能过度地实施。我们可以让你去尝试，但这不会发生，因为当我们改变自己的习惯时，我们会体验到“差异效应”。

如果你曾经参加过高尔夫课程，你就可能体验过挥动高尔夫球杆时的“差异效应”。高尔夫教练可能会告诉你：“我要你将球杆往后挥到这里来。”而你可能会说：“真的吗？你确定？那样不对。那样感觉不自然，感觉是错的。但如果那就是你让我做的，好吧，我会试试。”而如果你遵循了高尔夫职业运动员的指导，你在挥杆时以及在打球时就能得到很大的提高。高尔夫职业运动员让人的感觉不对——他们提升了你的球技。这就是发挥作用的差异性。而你会发现在沟通的游戏中，“差异效应”也能如此发挥作用。

比如说，要做出一个大手势会让人感到极为不自在，也不自然。尽管那种大手势对你而言不可思议，但你的听众可能会说你的手势可以再大一些，而且他们会觉得你这样会显得更加自信，更具有能动性，结果也更具有启发性（而如果你观看一下视频里的自己，你也会这样认为）。因此不要沉迷于舒适之中。事实上，如果你感到没那么舒适的话，你就步入了正轨。

2. 灵活调整技能建立情感共鸣。

你要学会运用每一种技能，并对其灵活调整来建立对你听众而言可接受的情感共鸣。比如说，你在大的演说台上就需要更多活力，但你无须在一对一的会议上使用同等水平的活力。你只要意识到你能控制你的活力，而且让听众了解到你的习惯就是运用活力与他们沟通，不论你是在烧烤聚会上，还是在发表一次重大的公司会议演说时。

活力是具有磁性的。你向听众传递更多的活力，你就更能够吸引听众。要综合运用激情与高雅，从而让自己在“情感共鸣”的纵轴上攀升。

增强可信度：停顿的力量

我们来看看这一份让人记忆深刻的简历：她是一位律师，出版过七本书。她曾担任过美国驻日本大使。她是拉德克利夫学院的毕业生，在哥伦比亚大学获得法律博士学位，曾在美国纽约市大都会艺术博物馆工作，并用了三年的时间为支持纽约市的公立学校而筹集私募资金。如果她到你的公司找工作，你会聘请她吗？你可能会，但也不会很快下决定。

2008 年 12 月，这位颇具成就的女性——卡罗琳·肯尼迪，已故美国总统约翰·肯尼迪的女儿——曾被纽约州州长大卫·帕特森考虑接替希拉里·克林顿担任纽约州美国议员。事实上，卡罗琳被认为肯定能成功接替希拉里：她有着那种经历！受过那种教育！而且天哪，她来自肯尼迪家族！她接受了《纽约时报》的采访——《纽约时报》也一字不差地发布了这次采访。在被问到她成为议员的资格时，她说道：

> 我认为，你知道的，我们需要用不同的方式来发出不同的声音，你知道的，能代表我们的声音，而我认为我所带来的，你知道的，是我的经历，我是一位母亲、一位女性以及一位律师，你知道的，我在过去的六年里一直是一位教育活动家，而且你知道的，我写过七本书——两本是关于宪法的，两本是关于美国政治的。因此很明显，你知道的，我们都具有不同的力量与弱点。

在接受《纽约时报》的采访过程中，卡罗琳·肯尼迪总共使用短语“你知道的”多达 142 次。对她的采访视频在新闻节目上进行了播放，之后又在网络上得到广泛传播。尽管卡罗琳有着非常优秀的简历，但她却未能获得那份工作，即成为代表纽约州的美国议员。相反，公众对卡罗琳进行了严厉批评，认为她不具有承受压力的能力；她很明显不具备担任议员的政治素质。2009 年 1 月 22 日，她因“个人原因”取消了自己被考虑成为候选人的资格。

这个小短语“你知道的”让卡罗琳·肯尼迪失去了担任议员的资格，这究竟是什么原因呢？她所创造的沟通体验，摧毁了公众对她的能力的看法。“你知道的”这个短语让公众感觉她过于肤浅，而且吐字不清。她这样的说话方式使得自己的可信度降低了。这是很不幸的，因为这是可以避免的。可以肯定的是，这是一次沟通上的悲剧。

你的情况如何呢？你会选择什么样的填充词？呃、啊、是的、那么、好吧、像、字面上来看、老实说、确实、好的？如果你的同事没说完一句话，都要加上一个“对吗”，你会怎么看？他表明了一个观点，对吗？他接着又在表明另一个观点，对吗？这种沟通方式的结果是一样的：削弱了他想要表达的东西，因为他在每说完一句话时，都在请求对方的认可。听众就会想：“他肯定没那么自信。”

停顿是你能够掌握的一种最具有力量的行为工具。停顿能让你完成以下内容：

思考。在某个时刻，你会忘记许多想法。但可以让自己休息一下。你所需要的是几秒钟的思考时间，这样接下来你就能发挥自如。

呼吸。当你一口气不停地讲下去，从不复元自己的气息时，你的声音就会开始颤抖，而你则会持续地陷入神经紧张的恶性循环。停顿一下，并进行深呼吸。

戏剧化。想一下“邦德。（停顿）詹姆斯·邦德”。如果不使用停顿，那么结果就会完全不同！同样，讲话时不要总是围绕你的关键点。说出一个有分量的统计数据或要点，然后停顿。让听众自己去思考。剔除填充词。要认识到你要使用的填充词，然后用停顿来替代它们。

尽管停顿具有不可思议的力量，但要掌握这种技能也是非常的困难，因为这需要我们停止讲话！在这里，“差异效应”就凸显出来了。当我们仅仅停顿两秒钟的时间，我们可能会感觉停顿了两倍长的时间，而且我们会认为有的听众会离开。但让人高兴的是，听众们会体验到完全相反的效应，他们甚至没有意识到你的停顿，而且他们哪里也不会去。

意外的好处：停顿同样增强了你的友善与热情。你讲话没那么匆忙，也不慌张。你更加开明。这能够让你把握好自己说话的节奏，并传递那种谈话式的语调。别人就会觉得听你讲话很容易。谈到眼神交流，对于大多数人来说，停顿是要掌握的第二重要的技能。要增强你的可信度，就要给自己留下一段思考的时刻……什么都不说。

练习

● 试试延长停顿的时间。停顿具有惊人的力量。停顿一下。考验一下自己，只有当你要说的下一个内容不是填充词，而是另一个想法时再开始讲话。对你而言，你可能感觉你永远在等待，但对你的听众来说，这段时间并不长。久而久之，你在停顿中表现出来的自信将缩短你思考下一个想法的时间。

● 设定一个停顿。要习惯停顿两三秒钟的时间。在你说话的内容里有意地设定一个停顿。可能是在你讲完一个你想让听众记住的故事或关键点之后。一旦你习惯使用停顿，当你在暂时遗忘自己的一系列想法或在等待回答一个问题时，就会更容易对待。

● 如果你合理地规划自己的声音，你要再想说“呃……”就真的很难了。你的活力、声调与对声音的规划会消除你总是想说“呃……”的习惯，而你的听众的参与度也会增强。

沟通是一项接触运动

要想对人产生影响，你必须建立共鸣。行为决定一切。简单明了。也就是你展现自己的友善与能力的方式，因为这些能让你建立信任。你的行为将决定你在“情感共鸣”纵轴上的起点位置。甚至在你开口讲话之前，你的大多数行为已经在展现自我了。这同样是一个现场节目摄像机之外的事实。

《鲨鱼坦克》是一档获得 ABC 艾米奖提名的现场直播电视系列节目。这个节目为新兴的创业者提供了一个机会，让他们向商业界的投资泰斗推销自己具有突破性的商业理念、产品、房产与服务，从而希望能得到这些投资者的资助。鲨鱼，这五位投资者，将会以什么样的方式来决定哪位竞争者有能力如愿以偿？

他们观望着。

竞争者必须持续 5 分钟站着面对鲨鱼。一句话都不能说。而你认为2秒钟停顿的感觉就像永无尽头！在鲨鱼与他们说话之前，竞争者不允许开始他们的开场演说。而当竞争者站在自己的面前时，鲨鱼会分析他们的行为。

以下是房地产泰斗与《鲨鱼坦克》投资者芭芭拉·科尔柯然的解释：

> 我所看到的是，谁会在压力下感到难堪，或者谁会在压力下泰然处之，而这是非常严峻的测试。你知道吗，甚至在他们开口说话之前，我就知道让谁出局。我只是会编出一个理由来解释我为什么会在摄影机面前说出“我投了否决票是因为……”这样可以吧？但事实是，我知道我在什么时候投出否决票，因为那个人将手从口袋里抽了出来，接着他转移了视线，他不再与你进行眼神接触。他的眼睛开始向内斜视，他开始浑身冒汗，他的双膝开始不停晃动。我的意思是说，这个人是我要进行投资的人。他能够坚持到最后吗？我想他不能。

这也是我们为什么开始必须要着重于自己的行为技能！建立起情感共鸣，让他们充满活力地关注你，然后提升你的可信度。而且要保持言行一致。总之，我们通过情感产生共鸣，并用事实来说话。

当你展现自己的友善与能力时，你就已经在争取别人对你的认可了——不管你是在发表一个大的融资演说，请求延长最后期限，展示一种新的期望，还是你正在着手设计新方案，实施危机控制，销售一种新产品，抑或是让你的孩子们专心做作业。

事实上，我们距离目的地还有一半的路程。我们还没有讲到演说内容。你准备好了吗？

练习

看

● 看看哪些是言行一致的讲话内容，哪些是不一致的。要留意别人的说话内容与他说这些话的方式有冲突的地方。

● 这里是观看现场电视秀大赛的正当理由（是否获奖与情感共鸣相关联）：一个人的受欢迎程度如何超越其专业技能？

想

● 当你（在一个项目组或一次面试时）遇见陌生人时，你对他们首先会注意到什么，是他们的友善还是能力？

做

● 选择两种你愿意努力去掌握的“让人信任的行为”。在你下次的会议上，试着反复使用这些习惯。比如说，如果你需要提高你的声音，试着走出舒适区域。

● 这个月里对自己进行视频录像。观察自己选择的两种行为的表现。

第五章　打动人心

你所拥有而别人无法拥有的唯一的东西就是你自己。你的声音、你的思想与你的故事。

——尼尔·盖曼

你（通过你的各种行为方式）展示你的友善热情与能力，你就可以在“沟通者蓝图”的情感共鸣纵轴上攀升。但这里也有另一种方式，能让你增强你与听众的情感共鸣：让你的讲话内容充满活力。

就行为技能而言，这对于那些处在纵轴低位的所有领导者是个好消息。当然，当你将这两种因素（行为与内容）综合运用时，才能达到最好的效果。吉尔·伯特·泰勒就是最好的例证。

你不会想到一位神经解剖学家——脑神经科学家——成为一名引人注目的公共演说家。但吉尔·伯特·泰勒在 TED2008 年大会上发表的演说《中风的人生顿悟》，成了所有时段最受人欢迎的

TED 演说之一，这其中是有原因的。她的讲话一开始就谈到了她的哥哥以及她哥哥如何与精神分裂症作斗争的故事。正是她哥哥的精神疾病激励着她成为了一名神经解剖学家。也是在这里她与听众建立了情感共鸣，同时也展现出自己脆弱的一面，而不是拿着激光笔指着一些大脑神经图进行演说。

接着，她解释了我们对大脑的了解，以及大脑的运作方式——大脑右半球与大脑左半球的区别，以及左脑与右脑如何协同运作让我们成为一个人。好吧，这很有趣，也颇具科学性。这有点像我们所期待的神经解剖学家。

最后，她以自己亲身经历的故事结尾。她讲述了 1996 年 12 月的一个早上，“我大脑右半球的一条血管出现爆裂。而在接下来的四个小时里，我看着自己的大脑完全的恶化，无法处理所有的信息。在血管爆裂大出血的早上，我不能行走、讲话、看书、写字，或回忆我人生的任何时刻。从本质上讲，我已经成了一个有着女人身躯的婴儿”。听众的反应：下巴下垂，眼睛吃惊地大睁。情感共鸣：恐惧、同感、同情，感到不可思议。

她描述着发生在自己大脑上的这次灾难性事件的反应，“我意识到了。‘哦，我的天哪！我中风了！我中风了！’我的大脑接着对自己说：‘噢！这太酷了！有几个大脑科学家能有机会由里到外研究自己的大脑?”

这是一个悲惨的故事：让人害怕，让人悲伤，甚至让人觉得有趣，会情不自禁地大笑起来。在她 18 分钟的 TED 演说的过程中，在吉尔·伯特·泰勒详细叙述她八年来从中风恢复的过程中，她牵动着听众任何可以想象的情感，并让听众同样感到痛苦。这就是如何通过情感共鸣创造一次强大的沟通体验。你会感受到她为什么能处于“情感共鸣”纵轴上的顶端，而你永远无法忘怀吉尔·伯特·泰勒，以及她在中风的过程中创造的奇迹。

她向听众展示了自己内心深处的痛苦以及她全部的病史。这就是述说自身弱点的力量。她冒着风险，就是让听众能够相信她。而这种风险也得到了丰厚的回报。

通过 SHARPs 来建立情感共鸣

人们渴求情感上的体验。逻辑让我们思考，但一个讲得好的故事能让我们去感受——而情感则促使我们去行动。正如我们在“沟通者蓝图”上学到的，一次沟通体验的目标不仅仅是传播信息，还要让人们投入自己的情感，并使他们行动。这也是我们进行启发的方式。要想真正地渗透到你的听众的情感核心，你得进入他们的记忆深处。因此，你在准备演说内容时，下意识地并有策略地使用一些能够激发情感的因素就非常重要，我们将这些因素称之为 SHARPs（见图 5—1）。

激发情感的五大因素

- ▶故事（Stories）
- ▶幽默（Humor）
- ▶类比（Analogies）
- ▶参考（Reference）
- ▶图片与视觉信息（Pictures and visuals）

图 5—1 SHARPs

你不必在你每次的推介会、谈话或沟通中都囊括 SHARPs 的所有五种因素。但 SHARPs 在你与听众之间建立情感共鸣是必不可少的。如果你想驱使别人行动——敲定一笔交易，确保你的预算，让你的团队充满活力——你就需要人们的情感投入，这也是 SHARPs 确实能够做到的。

还记得我们在第二章中谈到的信息的泛滥吗？由于我们每天都面临着狂轰滥炸式的消息与信息，所以我们很难记得住所有这些消息与信息。SHARPs 能够在情感的层面触动我们；SHARPs 所包含的因素能帮助我们按下大脑的“记录按钮”，这样我们的听众就能够记得我们推介会中最重要的那些部分。情感对我们的记忆有着很强烈的影响。这也是为什么我们总能够清晰地回忆起过去快乐与痛苦的事情——孩子的出生与亲人的去世——即使我们无法记得我们昨天晚上吃的是什么。我们通常能记得我们听了好多年，甚至几十年的故事，因为 SHARPs 能够触动我们的情感深处。

故事——最合算的因素

从“情感共鸣”纵轴的角度来讲，故事能让你得到最合算的收获。NBA（美国篮球协会）执行官帕特·威廉姆斯——奥兰多魔术队的创始人——在自己的职业生涯中，平均每年要发表超过一百次的演说。“每个人都喜爱好的故事，”他告诉我们，“如果我觉得有必要唤醒听众，我完全知道该说些什么：‘让我为你们讲一个故事’。房间里的每个人会很快地集中他们的注意力。”

故事是感性化的。它们能激起我们内心的情感——焦虑、伤感、同情、气愤、欢乐与极大的快乐。故事也能让人产生视觉上的快感。在我们讲述故事时，听众的想象力会在脑海里将我们的叙述重塑为一系列的图像，就像在播放一部电影。这种生动的情感与感觉能让听众更容易接受你所想要传递的信息。这也是为什么故事能让我们与听众建立共鸣，而统计数据、图示与着重点无法做到的原因。故事让听众行动。

大卫·鲁巴斯是 BBDO 公司的全球首席执行官，他的团队创作了荣获大奖的吉尼斯黑啤广告，广告中特写了一场残酷的轮椅篮球友谊赛。六个人参加了这场比赛，但最终的结局却颇让人意外：除一个人外，其他人都从自己的轮椅中站了起来。接着，朋友们一起到了当地的一家酒吧，庆祝他所做出的奉献与他的忠诚（当然喝的是吉尼斯黑啤）。鲁巴斯谈到了他们在创作广告时使用的故事的力量。这是“你发现自己参与其中的一个故事。人们总能接受他们相信的东西”。

你不必成为大卫·鲁巴斯或马克·吐温那样的人才能讲述一个不错的故事，你也不必奇迹般地经历生命的冒险再诱发别人的情感。你讲故事的机会无时不在——在工作中、在家里以及在你的社区里。你可以回答“你是怎么到达你客户那里的”，你可以告诉别人“你永远不会相信我女儿今天早上都干了些什么”，你也可以讲述“昨天离开体育馆之后我遇到的最疯狂的事情”，你能讲的故事太多了，那么，就讲出来吧。

这里我们要感谢讲故事的大师安德鲁·斯丹顿，下面是讲故事的四项关键法则：

1. 在开始讲故事时心中就要明确讲故事的目的。

“讲故事就如同开玩笑，要了解故事的重点与目的。你要了解，从你的故事开始到结束，所有的一切都是为了完成你特定的目的。”

当你心怀目标——当你了解自己试图要抵达的目标点——你就能够想出很多与你的目标相一致、相关联的故事。在过去的一年里，我们的几个客户在为许多知名大学准备毕业典礼演说。他们被问到的第一个问题就是，“你想对2014届的学生以及他们的家人说些什么?”突然间，在他们意识到在开场白中要说的内容时，他们就有了各种各样的故事来与他们的主要目标点相关联。

约翰·希尔是美林全球财富管理公司下属的美国财富管理与私人银行服务与投资集团的总裁。他正在为他的母校佛罗里达州立大学的一个毕业班准备毕业典礼演说。本与约翰一起研究了演说的一些内容。本让约翰想出一两个与他演说的主要内容相关联的故事。

约翰说道：“我想不出什么故事。我没有故事可讲。”这是一位繁忙的执行官能给的正常回答。但本没有让约翰就此停步。“你会有你的故事。”

一旦约翰在心中对这次演说有了目标或关键内容，他通过回望过去自己的种种经历，他意识到他有很多的例子或故事能够与他要说的关键内容相关联。现在只是要选择一些能够与1 500名年龄在22岁的毕业生建立共鸣的故事。

这里的问题是：你上次心怀目标准备你的推介会、会议议程或促销活动是什么时候？你有没有事先安排能让你的听众铭记于心的东西?

2. 要注意讲大故事的戒律。

“让我在意你说的话。”

你用什么方式能让人们非常在意你的讲话，从而让他们采取你所想要的行动？提示：不能通过逻辑论证的方式。你必须让他们改变自我，让他们将自己首要进行的事情转变为你的项目、事业或慈善活动。而这也意味着不只是表述大数据，也不只是希望你的演说能让他们印象深刻。这不仅仅是关于事实、数据、统计资料与研究报告。仅仅靠数字无法做到。

在这里我们引用一个让人心酸的例子：在一次青春男女俱乐部的晚宴上，他们将故事推到了一个新的高潮。这里的“他们”是指那些被认可为年度青年的高中学生。他们每个人登台四五分钟，讲述着自己亲历的故事。这些十七八岁的学生详细地讲述着黑帮暴力，看着朋友在自己面前死去，忍受着家庭成员的殴打，甚至被锁在集装箱里长达 48 小时，而自己的母亲则在一边暴饮暴食。这些让听众的脑海里有了具体的影像，他们不去采取行动都是不可能的事情了。

这里的亮点是，这些演说都不是在表达自己的绝望，而是在表达希望，讲述人类的精神如何在得到帮助的情况下超越一切，即使他们是如此年轻。青春男女俱乐部给予整个加利福尼亚的帮助，让受伤害的孩子们拥有一个避风港、一位导师与一个朋友。

3. 让听众自食其力。

“不要给他们 4，而是让他们 2 加 2。”

作为人类，我们会不顾一切地获取新的知识。斯丹顿表示，这是我们与生俱来的。我们中有许多人会不自觉地完成别人还未说完的话。奇普与丹・希斯论述过如何创造好奇心鸿沟。我们无须传递所有的信息，好的故事就是一种完美的信息缺失。这种缺失让我们想要了解更多的东西。要尽可能相信你的听众。他们天生就能够解决问题，他们能够推断并弄明白一个问题。将他们引导到正路上，然后向他们展示要点。

我们来谈谈最近的一个例子。一位销售副总在一次行业会议上发表演说。他受邀来谈论他是如何对自己的组织进行彻底改造的。这位副总没有简单地向大家展示在转型的过程中他所采取的措施；他一开始向大家揭露了他接手时这个效率低的组织所存在的种种问题，接着说道："但所有这一切在不到 18 个月的时间里发生了变化。"于是听众们便想要了解更多。

斯丹顿引用了伟大的剧作家威廉姆・阿切尔的名言："戏剧是混杂着不确定性的预测。"我们要时常向听众讲述一些他们不知道的东西，来为你要传递的信息添加喜剧色彩，并创造一种人们迫不及待要去填补的好奇心鸿沟。

4. 要尽量讲述亲历的故事。

"用你所了解的去讲述。从中得到体会。从自身的亲身经历去获得真理。表述你自己认为对你的核心观念举足轻重的价值观。"

使用自己的亲身经历将展现你的激情与真实的自我。作为听众，我们相信、信任并追随那些让人感觉真实的人。

Informatica 是一家总部位于加利福尼亚州的软件开发公司，在约翰·麦基成为这家公司执行副总裁仅仅两个月之后，他在一次销售座谈会上为 2 000 名参会人员发表了演说。这是他展示公司的未来规划（与告诉所有听众他们需要做什么）的机会，也是展现自我的机会。听众里没有人真正了解他。约翰一开始就讲述了一个亲身经历的故事。

他直截了当地问道："你们有多少人有孩子？你们中有多少人的孩子处于青少年时期？你们中又有多少人会教这些青少年开车？我的女儿玛克辛一直在努力去获得自己的驾照。作为一名父亲，我当然很关心，也很担心。我特别担忧的是，我的女儿可能会干出一些危险的事情，比如一边开车一边用手机发短信。因此，我给玛克辛买了一部手动变速（有变速杆）小轿车。这样一来，她就总是要用一只手握紧方向盘，而用另一只手握住变速杆，她就没办法在开车的时候去玩手机了。这样是不是很明智？我就是年度父亲！"

"我知道，一旦我女儿获得了驾照，她开车时我就不能每次都在她的身旁。我得教她学会开车，之后我得相信她独立去开车，并为所有人负责。"

约翰播放了一段视频。视频中，玛克辛在一个空旷的停车场开着自己的车。汽车一会儿熄火，一会儿向前拱，一会儿又向前猛冲。很明显，玛克辛正在费劲地学习用变速杆开车。视频中，玛克辛挂挡出错，差点飞了出去，而那一刻约翰大笑了起来，笑声在会议厅里产生了巨大的回音。

"这就是我一直在做的，"约翰叹气地说道，"但我知道，信任才是教我女儿学会开车的关键。如果她想成为一个成功的司机，而我想成为一个成功的父亲，我就得学会信任玛克辛。"

“你们可能想知道我为什么要给你们观看我家里的视频，这里的关键是，所有这些都与信任有关。我们必须相互信任，并比以往都要更加紧密在一起工作。信任是团队与协作的关键——而我们必须赢得别人的信任。”

约翰的话讲完之后，在接下来的销售座谈会中，人们都热烈地讨论着信任的概念，以及如何将这个概念在自己的组织中加以应用。之后在私下的谈话以及在其他演说者进行演说的过程中，人们一次又一次地提起约翰与他女儿玛克辛的故事，来比喻他们需要建立信任的氛围。

在那次会议结束很久之后，以及在接下来的一年里，人们经常谈到约翰·麦基、玛克辛以及信任。他们会找到约翰并问道：“玛克辛怎么样了？她开车顺利吗？有没有收到什么超速的罚单？”而约翰很高兴地告诉他们，玛克辛的车开得还不错。

在第二年的销售会议上，约翰走到销售团队前面并说道：“首先，我简单地说一下我女儿玛克辛。让我告诉你们，这位年轻的女士很了不起。她开车开得太棒了。她还没有收到过交通罚单，而且她已经掌握了手动变速，熟练得像一名赛车冠军。也让我给你们说说同样了不起的一件事。在 Informatica，我们一直在实施信任的理念。在这个组织中，我们相互之间也一直都在建立信任，而我们也都能相互信任。”骄傲的父亲＝情感共鸣。约翰让人难以忘怀的故事——人们一年之后还能记得他讲的那个故事——不仅仅能让人娱乐，也激励着人们。

故事可以来自任何地方，但一些最具有威力的故事却是那些来源于自己亲身经历的故事。当你将故事与自己经历的事件联系起来，你重新讲述这个故事时就能感受到那种体验所表现出的情感，而你自身的感受也帮助你用一种强有力与充满激情的方式表述那个故事。要在你说出第一句话时就吸引住听众，直到结束。要达到这个目标的一个强大的工具，是用充满情感的故事来让你的演说始终具有吸引力。

幽默——笑的严肃体现

让你的听众始终关注你的一种最好方式是让他们大笑。人们为什么会大笑？通常情况下，当我们发现一种真相是通过不协调的、可笑的、荒唐的或夸张的方式表达出来，我们就会大笑。幽默能让人娱乐并让你的听众始终关注你。只要你的听众能够大笑，或甚至只是微笑，你就不会发现他们打瞌睡或掏出手机来看。当你激起微笑或大笑时，这种出于本能的反应就证明你建立了情感共鸣（让你在“沟通者蓝图”纵轴上攀升，并让你被更受人喜爱）。

幽默的关键是严肃地对待你的话题，但自身则要表现得随心所欲。你要利用自己的常识让幽默在良好的品位范围内具有文化上的适当性（不能过于粗俗而被别人视为是不适应工作或不安全的方式），而且在语言上不能让任何人觉得受到伤害（比如性别或种族敏感问题）。当幽默运用不当时，它将摧毁你要建立的沟通体验，破坏情感共鸣，让演说者尴尬，并让听众感到不自在。

典型的例子：2013 年 6 月“佛罗里达州诉乔治·金默尔曼案”的律师多恩·维斯特。金默尔曼因谋杀特雷凡·马丁而受到审判，而他的律师维斯特在向陪审团进行开场陈述时荒谬地运用了一个……敲门—敲门玩笑。这在法理学历史上也许是最不理智的幽默。“有时候，”维斯特开始说道，“你得让自己笑，而不是哭。因此，让我冒点风险为你们讲一个小笑话。我知道在这种场合下我这样做有点怪异。但我认为你们正是这个笑话的听众。”

接着他讲了这个笑话：“敲门声。谁在那？乔治·金默尔曼。乔治·金默尔曼是谁？好吧，很好；你在陪审团里面。”陪审团都面无表情地坐着。毫无疑问，被告很想钻到一个洞里去。“你们什么反应都没有吗？”维斯特说道。接着他徒劳地想让大家为自己的笑话大笑一阵子：“那太有趣了。”

这一点也不有趣。非喜剧演员在运用笑话幽默时往往无法达到预期的效果（而敲门—敲门玩笑是最低级的形式）。在这种情况下——在这种牵涉到青年受害者的高度公共化的谋杀案审判法庭上——讲述任何类型的笑话很显然都是乏味的，也是会冒犯他人的。总之，维斯特的笑话只是发挥了侮辱陪审团的效果，因为他所讲的笑话让陪审团认为这个人在这个事情上完全没有头绪。侮辱你的听众总是一个糟糕的想法，而侮辱陪审团则糟糕一百倍。

那么，什么样的幽默总是能够奏效？自我贬低的幽默就能发挥效力。让别人成为你的幽默的目标总会存在风险，因为这听起来对别人像是一种攻击，而这也让你看起来不怀好意。但用牺牲自我的方式开玩笑就永远不会错。自我贬低的幽默能让你显得更谦逊、性格好，并让人喜爱。

凯蒂·凯姆是海湾地区锂科技公司的首席营销官。她曾领导过几家高增长的上市公司，包括 Service Source 与 Intraware，而她也经常在行业会议上为 500 名听众进行演说。在一次印象深刻的演说中，第一张幻灯片便是她的驾照。

“我在这里要坦白，”凯蒂非常严肃地讲道，“我的驾照不真实。”这样的开场白太棒了！仅仅这句话就赢得了听众的笑声——而她的听众立即好奇起来，想知道她的驾照哪里不真实了。“我的意思是，你们看看我，”她接着说，并踢掉了自己的高跟鞋，“大家看看，我的身高有多少？我只有 5 英尺，不多不少。而你们再看看我的驾照上是怎么写的？”答案就显示在她身后的大屏幕上，很大的几个数字：5.1 英尺。“你们看到了？”凯蒂用很泄气的口气说道，“5.1 英尺！谁会撒谎说自己是 5.1 英尺?！为了这么仅仅 1 英寸，我就在驾驶执照上撒谎了。我在这 1 英寸上撒了谎，也是为了让自己对自己的矮小身材感到好受些。”

接着，她将自己的幽默与演说的话题相连接，继续谈到我们在进行社交媒体的营销时撒的一些谎，也只是为了让我们自己感到好受些。凯蒂很有趣，让自己的弱点暴露无遗，也让人记忆犹新——听众不会立刻忘记这位在驾照上撒过谎的小个子女性。而他们也将无法忘记她所讲到的要点，即在社交媒体上对自己的产品与服务进行营销时一定要保持诚信。幽默就是通过这种方式与你的听众建立情感共鸣的。

类比——通往“啊哈”的路

类比也就是一种对比，这种对比揭露了两种不同的事物或概念之间所存在的隐藏的（出人意料的）共性。类比是通过使用熟悉的例子来解释不太容易理解的想法与概念。它们是具体的，是事实存在的。类比能帮助人们理解这些想法与概念。

认知研究者道格拉斯·R·霍夫施塔特指出：“类比是认知的核

心内容。”认知是人类处理信息、解决问题、做出决定的能力，它与我们掌握类型的能力有一定的关系——这里的类比即是我们在不熟悉的概念中识别熟悉的形式的能力。拥有理解类比的能力让我们将想法与信息归为各种类型，这样我们就能更好地理解现实。

洞察类比的能力增强了我们对整个世界的理解。据说，艾萨克·牛顿就是看到一个苹果从树上掉下来之后，才得出一个类比，即地球围绕太阳的轨道运转是因为引力的作用。弗雷德里克·凯库勒梦见了一条蛇吞食自己的尾巴，他醒来后便意识到，这条吞食自己尾巴的蛇可以类比为苯分子中所具有的碳原子圈。詹姆斯·沃森在美国哈佛大学的一个螺旋式的楼梯上行走时，突然闪现出一个直觉，即螺旋式的楼梯就是 DNA 分子中的双重螺旋结构。

一种惊人的类比在推介会上能发挥巨大的作用，它能牢牢地吸引你的听众。在我们这里接受培训的一位硅谷技术工程师，正在准备对他的管理团队发表演说。他的主题是在公司实行新的技术标准的必要性——而这一方案不受团队成员的重视。这位工程师需要他们马上接受并重视这项新的标准，这样他们就可以动用各项资源来实施这项标准。这位工程师的最初计划是直接摆出各种事实与数据。在学习了 SHARPs 后，他以一种类比作为开场白，立即牢牢地吸引了听众的注意力。

“1904 年巴尔的摩大火，”他说道，“让巴尔的摩市中心的大部分地区夷为平地。大火烧了两天，摧毁了 1 500 座大楼，导致了 35 000人失业。这个灾难本是可以避免的。消防人员随时待命着，他们来自周边城市、华盛顿特区、费城、纽约与亚特兰大，但当他们将水龙头与巴尔的摩中心地区的消防栓相连接时，却接不上。原因是水龙头的规格不符。每个城市都有着不同的消防栓，而这些消防人员只能站在那里，看着城市被燃烧，因为他们的水龙头的规格不符。正如1904年的巴尔的摩，如果我们对技术设备与操作规程不实行规范化的话，我们的组织也将遭遇同样的灾难。”

我们每年都会观看成千上万的谈话节目，那位工程师使用的类比却总能打动我们。这就是SHARPs里的Stories和Analogies，即一个故事与一个类比！当他们在规格不符的消防水龙头连接与自己组织中的不规范的技术标准之间找到共同点之后，似乎房间里的每个人都在享受一种“啊哈”时刻。类比能够成为我们大脑中的启明灯——而在这个案例中，类比则赢得了管理层的注意力。

参考与引用——为了达到共鸣与增强可信度

对于那些正努力尝试着要融入整个SHARP世界的人来说，SHARPs中最简单的方式则是添加一条参考信息或引用语。第三方的参考信息与/或引用语能帮助我们对自己要说的话形成框架，而且它能够让我们的主题活灵活现。参考信息要稍长一些，通常是一两段文字，这就提供了详细的支持。引用语则简明扼要，通常不会超过一两句话。

参考信息与引用语能够帮助你把握讲话的节奏。有时候，一句引用语能总结你用自己的话需要花一两分钟去解释的内容。引用语能让你的听众大笑，或触动他们的情感。

如果使用得当，具有好的品味与约束力，参考信息与引用语则能够帮助你与听众建立情感共鸣，并增强你说话内容的可信度。如果你想确保参考信息与引用语的正确性，你也可以把它们读出来。

只是要确保使用停顿。

图片与视觉信息——吸引眼球

在你传达的信息中运用视觉效果将有助于你的故事变得栩栩如生。从视觉的角度来讲，有许多能让你与听众建立共鸣的方式：幻灯片（标有着重号的一些词语列表不能作为有助于增强视觉的因素）、视频剪辑、小道具，甚至是你的肢体活动，比如舞蹈、高难度的表演、杂耍或舞台魔术。视觉活动与图片能够增强你要传递的信息的情感影响力。

当你在运用幻灯片的推介会上使用视觉活动时，要记住三个要点：其一，产生视觉的活动要大，这样在远处也能看清；其二，视觉活动要大胆，这样听众一眼就能明白其含义；其三，视觉活动不能偏离主题，从而不让听众在你的推介会上分心。

纽约市健康与心理卫生部门启动了一项地铁广告活动，广告中，可乐被倒入一个玻璃杯中，而这里不同的是，在可乐倒进玻璃杯的那一刻，可乐变成了脂肪——大块大块发亮的、黄色的人类脂肪。图片中还加入了血管，甚至加上了冰块。接下来的文字说道：“你喝可乐就是为了增加体重吗？不要让自己喝脂肪”（见图 5—2）。这项活动劝导纽约人不要喝含糖量高的可乐，而是要喝水、矿泉水与牛奶。这种视觉效果非常棒。

那位在自己的驾照上撒谎的身高 5 英尺的首席营销官凯蒂·凯姆，非常喜爱 SHARPs 的理念，她每次进行推介会时也总是努力想超越她上次使用 SHARPs 的表现。当她为自己的科技公司启动一项新的通信技术时，她披露了自己最近出风头的事情，她的言语

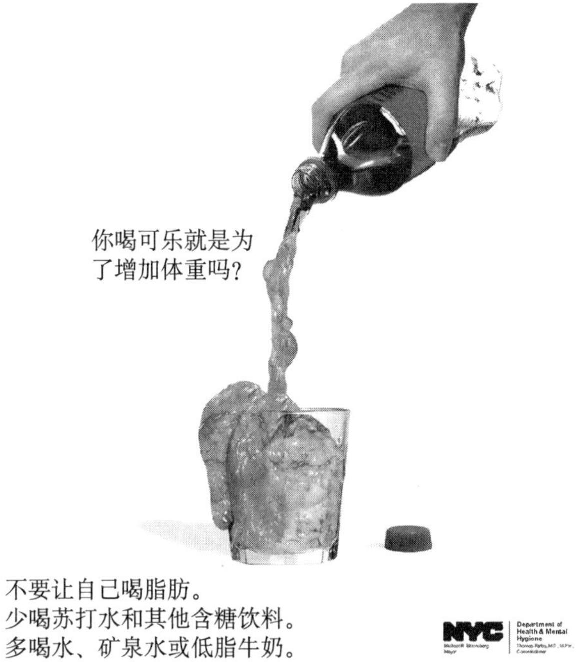

图 5—2　地铁投放的广告

© 2009。该图经纽约市健康与心理卫生部门许可使用。

通俗易懂，就连你的父母也能明白。

在由 200 人组成的锂科技营销团队面前，她说道："不，真的。新的通信技术非常简单，你们的父母都能够使用。我来问一下我爸爸。"接着，她在主讲台上用 Skype 拨叫了自己的爸爸。

> "嗨，老爸！"
>
> 她那如今已 80 岁的父亲的脸庞出现在她身后巨大的屏幕上。"嘿，凯蒂！我看到你了——我也看到你的听众了。大家好！"他向大家挥着手。

“爸爸，我想让你帮我做件事情。”

“没问题，凯蒂，我能做些什么？”

“爸爸，你能使用这个吗？”接着，凯蒂对新的通信技术进行了展示。

他们之间的谈话是温馨有趣、打动人心的——也是具有说服力的。大家都清楚地看到，在美洲的另一端，即使一位年过八旬的老人也确实能够掌握这种新的通信技术。

现在，让我们来分析几个无须任何科技就能够发挥效力的例子。你能够通过向听众传递一些东西，来激发听众的参与度。

在谷歌年度开发商会议上，一位演说者在听众的椅子底下放置了红色与绿色的发光棒。这位演说者让他们将发光棒拿在手里，并将其点亮，接着他进行了一次投票。他让听众们在表示同意时举起绿色的发光棒，而在表示反对时则举起红色的发光棒。在房间的发光棒同时被点亮的时候，很明显，听众已经准备听取他最新的方案了。

在 VMware 公司，一位参与者在准备与房间里的十位听众谈话时，他举起了一个大的棕色密封纸袋。他问道：“这个袋子里装着一种非常有价值的商品。你们认为这里面装的是什么？”在他打开袋子前卖了一下关子，接着将“时间的礼物”传递给了听众，这个礼物便是给房间里的每个人一块霓虹表。这种举措非常巧妙，也出人意料，而且恰如其分地表明了节省时间的好处。此外，你很难忘记你戴在手腕上的霓虹表，而且当你在办公楼大厅遇到那些没有得到霓虹表的同事时，也很容易与他们开始谈谈这个话题。

有时候，最简单的因素能够产生最有效的视觉效果。我们曾经参加了一次教堂礼拜，在这次礼拜上，牧师仅仅用一种很简单的方式表明了一个重大的观点。

这位牧师从听众中邀请了一位年轻的小伙子上台。牧师将一杯装满水的杯子递给了这位小伙子。“你把这个杯子端一会。”牧师说道。

这位小伙子将杯子端在了自己的面前。与此同时，牧师继续着他的讲话，并做着各种姿势——突然碰到了小伙子的胳膊。杯子中的水被晃了出来，并溅到了牧师的身上。牧师转过身来，用指责的口吻问道：“你为什么把水溅到我的身上?”小伙子懊恼地说道：“因为你撞到了我。”

“我知道我撞到了你。但你为什么把水溅到我的身上?”

“呃——我把水溅到你的身上是因为你撞到了我。”

“我这样跟你说吧：你为什么把水溅到我的身上？你为什么不是把咖啡、柠檬水或番茄酱溅到我身上?”

“因为这是杯子里装的东西——杯子里只有水。”

这就是牧师想要说的。我们每天让自己有着各种好品行或坏品行的选择。最终，生活会撞到我们，并让我们将自己内在所拥有的东西溅出来。生活对我们的碰撞将揭露我们内心所拥有的东西——不论是勇气或胆怯、谅解或怨恨、自私自利或自我控制。

这种一种非常有效的视觉类比，而且使用的论据非常简单——只是一个喝水的杯子，杯子里装满水，以及听众中的一位参与者。

SHARPs 的真正力量

许多年来，我们总是听到：“我想不出任何东西。”“我的创造力不够。”“在我的公司里都是以数据为主导。”“我不相信这个。”

“拥有是很好的事情，但我更情愿着重于‘拥有的需求’部分。”“这样风险太大。”“我们这里不那样做。”“我没有故事可讲。”“我没有时间去研究引用语。”

首先，许多公司领导者认为，他们演说的每个方面都必须是完美的。如果他们意识到自己不擅长讲故事、幽默或运用 SHARPs 的其他因素，他们甚至不愿去尝试一二。通常情况下，公司领导者会告诉我们：“讲故事不是我所擅长的。我会用我的图示、图表与着重点来进行演说，而这样就很好了。”

公司领导者对使用 SHARPs 存在抵触情绪的另一个原因是，他们认为 SHARPs 里有着杂乱与不重要的娱乐因素，这些因素会阻碍你要传递的信息。但 SHARPs 并不杂乱。SHARPs 能让你的听众坐定下来，并倾听你的演说。SHARPs 所包含的因素能让我们与其他人建立情感共鸣，在情感的层面触及他们，而且说服他们接受你的观点。SHARPs 要发挥效力，并不用非常完美。SHARPs 所包含的因素只需要触动我们听众的情感，也许还能让他们微笑或出于同感而点头。

作为一位领导者，建立情感共鸣的最好方式之一，就是表明你存在脆弱的一面。你有时候会不知道如何打动人心。你不知道什么样的故事、类比、视觉效果或参考信息能够与别人建立情感共鸣。因此你必须将很多东西展现出来，但你要展现的不能仅仅是数据。

从我们的客户中，我们了解到了一个大的趋势，那就是我们越来越多的客户想要学习进行开场白的正确方式。他们中的许多人觉得自己的个人生活与职业生活比以前越来越融入到了一起。那么，什么是脆弱，什么又是过度分享？LMSW 博士布瑞尼・布朗根据自己 12 年的经验，对此做了描述：

> 脆弱性基于共同性，并需要界限与信任。它不是过度分享，不是弥补自己的过错，不是随意的信息披露，也不是像名人似的进行社会媒体的信息倾吐。脆弱性是将自己的情感与经历分享给那些有权倾听的人。表现出自己的脆弱与开放是具有相互性的，也是建立信任所必需的一部分。
>
> 领导者很难完全展示自己的脆弱性，但这种方式将有助于你对你的团队成员产生凝聚力。雪莉·桑德伯格对哈佛商学院 2012 届的学生讲道："当你是公司的领导时，你真的很难获得好的、诚实的反馈，不管你问了多少次。而我发现了一个窍门，这就是我会试着把我不大擅长的事情大胆地讲出来，因为这样能让别人也对我表示同感，而这比一开始就指出来更容易些。"

无论何时，当你通过分享亲历的故事来展示自己的脆弱性时，你都能深深地触动听众的情感，特别是你在讲故事的过程中说出自己的恐惧与焦虑、你的弱点与让你不安的感觉、你的错误与失败。

本回忆说：

> 我曾经与一家《财富》100 强公司的一位非常高级别的领导者进行过培训工作，而且我期待他能给我一个特大的惊喜。相反，这位领导者与我保持了一定的距离，根本不与我沟通。在我们一起工作的整个一天里，我们几乎没有什么进展。我不明白他是否有意地抵触我们进行的培训，或者他是否仅仅是不

知道如何运用我所讲的东西。我只知道，在我对他培训的过程中，我没有成功，我这让我非常烦躁。

接着在一次小组讨论会上，这位领导者告诉我们，他的母亲在几年前去世了。他慢吞吞地、非常无助地讲着自己母亲的去世对他造成的影响。在他讲话的过程中，我的烦躁也消失得无影无踪，而我也对他有着同感。这也是第一次我真正地喜欢这位领导者。

现在，我知道我喜欢他的部分原因，是因为我的母亲在我年轻时也去世了。然而，他对 SHARPs 的运用——他失去母亲的亲身经历——将会让他与任何一位听众都能够建立情感共鸣，即使是那些没有失去母亲或父亲的听众。作为演说指导，我本可以对他演说中的几个方面进行指责，因为他可以在演说中增添更多的活力与激情。但作为听众，我却被他吸引住了，我与他产生了共鸣，我被他征服了。真实性与脆弱性，并加上一个故事——这就是真正的领导力。这就是讲故事的力量。这也是 SHARPs 的力量。

我们已经学习了所有关于建立情感共鸣的内容。要能够在“沟通者蓝图”的纵轴上向上移动，你必须展示让人信任的行为，而且知道如何在你的演说内容中更好地运用 SHARPs。现在，考虑到你要传递的信息的真正核心，以及如何在横轴上向右移动，并移向以其他为中心的内容，我们打算将这两种因素融合在一起。

练习

看

- 观看吉尔·伯特·泰勒的TED演说《我那了不起的洞察力》，我敢说你不会被激励。
- 观看安德鲁·斯丹顿的TED演说《讲述伟大故事的指引》，并掌握讲故事的各项原则。
- 观看布瑞尼·布朗的TED的演说《脆弱性的力量》。

想

- 思考一下你展示自我脆弱性的种种方式。哪些类型的事物有助于你与听众产生共鸣？
- 思考一下与你下一个方案的不错的类比，或者将你自己的工作生活分享给朋友、家人与/或孩子们时能够用到的不错的类比。在本周就试试。

做

- 记录下你的故事日志。你如何选择你的职业生涯？谁曾对你的职业产生过影响？在过去的一周或一月里，发生过任何有趣的事情了吗？

第六章 从提供信息到产生影响力

如果你想要说服一群人跟着你去旅行，你会怎么做？你需要做的两件事是什么？好吧，你得从他们的立场出发，而且你得给他们一个追随你的理由。

——克里斯·安德森

积习难改。这不仅仅是指那些我们谈到的关于行为方式的习惯，也是指我们准备演说内容时的种种习惯。

2013 年 5 月，我们开始为 6 月的戴克尔年度董事会议做准备。那么在准备的过程中，我们所做的第一件事情是什么呢？当然是删除头一年幻灯片中的面板数据。我们坐在那好几个小时，更新着 2012 年的图表与数据。时间一分一秒地过去了，而我们却越来越烦躁——今年的故事怎么也说不通。而我们去年的故事却讲得非常好！我们在幻灯片里来回翻来翻去，从一个区域转移到另一个区域，直到最后……我们猛地合上了笔记本电脑。

这到底是怎么了？我们被自己的老习惯给牵绊住了，而且我们在准备演说内容时使用了最不该使用的方式。删除头一年的幻灯片内容？你是在开玩笑吗？这是所有演说内容准备工作中大错特错的事情。我们应该更加懂得这一点——毕竟我们是教这个的！——但我们却因为有现成的幻灯片框架而落入了这个陷阱。我们以为："我们做出了太多的承诺，而我们现在的时间不多，因此我们只需用去年的内容作为模板就可以了。"这太让人悲哀了！我们的孩子们都说："这是惊人的失败。"

这听起来很熟悉，是吗？我们都面临着许多的压力，而且我们连一分钟的时间都没有，因此在我们要为内部或外部会议的演说做准备时，我们就直接翻出了我们以前现成的东西。最后一刻的报告：我们把数据更新好。最后的客户演说：我会更新图表。然而结果却是单纯的数据导出的过程，滥用幻灯片，而且也浪费了大量的宝贵时间。

而对你的听众来说这不仅仅是一个数据导出的过程；你可能也会有这种感觉。你是否曾经对自己传递的信息感到完全的厌烦？我们有很多客户来向我们咨询，因为他们有时候都不知道自己在讲什么。而这很正常！他们所采取的方式是"在不同的时间讲述同一个故事"。我们来看看那些在全美国到处销售产品与服务的保险代理商，在各地区实行新产品推广的高科技公司的产品经理，或为了启动新方案而在市政厅进行公共宣传的高级领导人。他们不会变通自己要传递的信息；他们只是反复地、一次又一次地分享要传递的信息。而他们也对这些感到厌烦。这确实让人震惊。

现在，你把自己放在听众的位置上。想一想上周你参加的各种会议。这些会议中有多少是必须进行的？有多少会议让人感到烦躁不安？有多少次你会想，“我为什么在这里？”会议结束后，你是否有了一个清晰的计划？你是否认为发一封电子邮件就足以传达这些重点？为什么这么多的会议都不尽如人意？

让我们重温第一章中所提到的谎言，而大多数的会议都属于第三种谎言，即“我不需要准备演说稿，我能够即兴发挥”，或者有时候，你会说“我现在只是没有时间做准备”。这样，会议上就没有着重要谈的事情。许多的会议也就只是进行状态更新、每周回顾，在这些会议上你只是谈着一些已经完成的事情。但这让人感觉你没有花时间去谈你目前正在进行的工作。这又有什么意义呢？

很好。

我们现在需要从提供信息向产生影响力进行过渡。“沟通者蓝图”为我们指明了道路。我们必须在横轴上从“以自我为中心”的演说内容转变为“以听众为中心”的演说内容（见图 6—1）。如果我们想要让沟通产生行动，并抓住改变一些事情的机会，这就是我们需要重视的因素。让人们接受你提出的方案、观点、产品、服务与工艺规程，我们要去改变他们的思维或行为方式。从提供信息转为产生影响力将让你的经历或进入指导区域，或更有希望进入激励区域（因为你与听众正在产生情感共鸣）。

我们打算向你们讲述一个体系，它不仅让你参与主持的会议充满活力，而且将让你激励听众，从而改变他们的思维方式与行为方式。该体系同样会改变你的诸多思维方式，比如你的语音留言、办

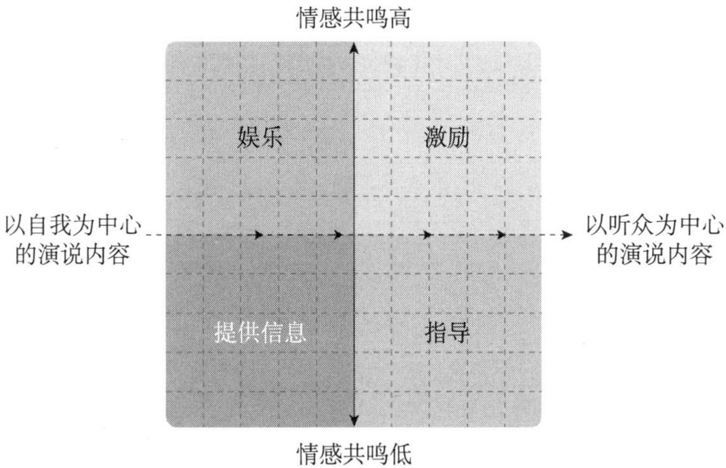

图 6—1 以自我为中心到以听众为中心

公楼大厅的简短谈话、你与老板的临时会议，以及跟上决策者的种种机会。你不要总是去想“我如何让这个人产生深刻印象”或“在这次会议中需要准备哪些讲话要点?”你将改变自己的思维方式，你会思考“这些会议的意义是什么？谁会参加会议？我如何能激励参会人的行动？我怎样做才能激励他们?”你将学会建立一个具有重点且以听众为中心的信息，而且你在准备这一切的过程中会节省时间。这听起来是不是太棒了，不像是真的？你只是需要一个框架。

“戴克尔框架”是一种真实的与久经考验的体系，并且在“戴克尔方法论”中存在了长达 36 年的时间。这种体系能够让你很容易且连贯地构思出任何想要传达的信息。只要你定期学习与使用这种体系，你就能够做到如下几点：

- 极大减少你每次为讲话做准备的时间；
- 让你在任何一种场合下都能够自信地讲话，即使只有片刻的时间；

- 吸引听众的注意力，并让他们延长对你的关注时间；
- 切入重点；
- 说服听众，并激励他们行动。

你无须写下你的演说内容，然后一动不动地站在演说台后读着你的演说稿，这样会让你的听众感到厌烦。“戴克尔框架”描述了一种创新型的过程，它让你能够向你的听众发表一次组织严密且自然的谈话式演说。我们打算带你进入并体验“戴克尔框架”。

注意：下两个章节读起来会让人感觉在读一本菜谱。我们的目标是让你学习到一种循序渐进且可重复使用的方法，而你能够将这种方法运用到任何要传达的信息中。首先，让我们介绍一下几项基本原则与你将用到的几种工具：

1. 准备演说内容的首要原则：在内容中安排类比，并动动手。把你的笔记本电脑关上，拿出纸笔（或者更确切地说，拿出一打便笺）。

2. 在便笺上写下启动词语（通常是能够启动你的思维的一到七个词语）。由于你打开微软幻灯片工具时，你永远不会开始思考你要说的内容，因此你需要用小小的便笺来写下一些启动词语来捕捉你的观点（你不用推敲词语的完美）。这里的关键是，你不用写下一篇完整的演说稿。你将学习到一些关键词语能有助于你集中精力去思考你的主要观点。便笺的优势是，你可以拿起这些便笺，随意地移动它们来组织你的演说内容——这比起在电脑上的大纲中复制与粘贴要好得多，有效得多。它们正如你的观点，能够自由发挥且具有灵活性。

3. 找到一个适用于自己的“戴克尔框架”，并遵循这个过程。你可以到 decker. com 上去下载一个，或者用马尼拉文件夹或一些纸临时建立一个自己的框架。这将有助于在整个过程中对你进行指导。

戴克尔框架：一种用于速记的体系

我们来快速预览一下“戴克尔框架”，看看它能够为你实现的目标。这个框架（这是我们的客户喜欢的名称）的过程分四个步骤：

1. 基础。聚焦于你的演说内容。
2. 创造。构思你的论证观点。
3. 整理。组织你的想法。
4. 创作。编辑你的最终演说内容。

基础是最重要的部分，我们需要在这个环节花费最多的时间。在这里我们要说一句，这个环节也是人们在准备演说内容时花费时间最少的部分（这样是不对的）。我们将用本章剩余篇幅来表述基础，而你也将在第七章中学会如何扩展并完成你的演说内容。

第一步：基础——聚焦于你的演说内容

在建筑行业，基础聚焦是一个建筑的地基。在建造大楼的过程中，它发挥着关键的作用。一旦地基打好之后，所有其他的石头就可以按照这个地基来铺排。你打下地基的方式决定了你如何建造整座大楼。

当涉及准备一个演说内容、谈话节目或指令，“戴克尔框架”的基础发挥着同样的功能。它们能为你的演说内容布置好框架。而我们说的“演说内容”，也就是你对所有事物的谈话方式，大到办公大楼的谈话与季度业务审查、商业促销会、团队的每周例会，小到你与老板的单独谈话、你的语音（如果这段时间准备使用这种方式）、自我介绍。你在说什么？你想说什么？你可以在这个基础里找到答案。

基础界定了你的听众，并为你在组织你的内容时给予指引，因此无论你说什么，你说的内容都与听众相关，并能驱使听众行动。这些基础非常重要，它们将决定所有关键点，并决定你在之后谈话的过程中建立框架的方式。基础将聚集于对你的听众非常重要的内容，这样你的演说内容就能从以自我为中心转为以听众为中心。

基础包括四种因素，每种因素在构成你的演说内容上都负有重要使命（见图 6—2）：

1. 听众：让演说内容以听众为中心。
2. 观点：找到你的故事的主旨。
3. 行动步骤：要尽量具体。
4. 益处：让听众在意。

处于所有这些因素中心位置的是听众。让我们从这里开始讲起。

听众：让演说内容以听众为中心

是谁在听你演说？你的听众想要被打动。为了打动你的听众，

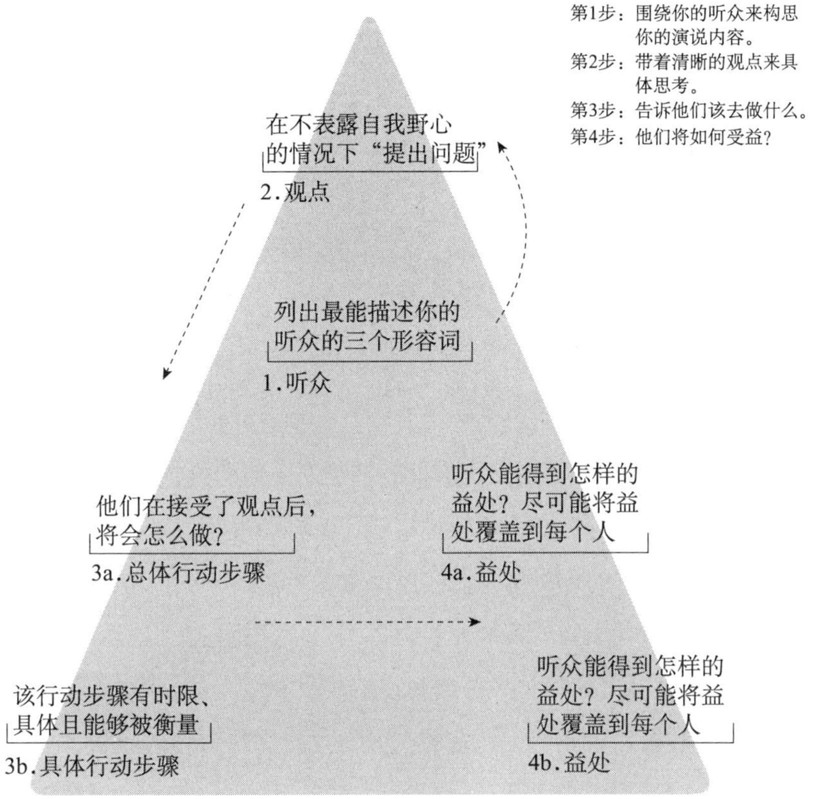

图 6—2 基础：聚焦于你的演讲内容

你需要了解他们，并特意设计你的演说内容，让其能够直接满足听众的兴趣、需要与需求。你也许会想：“谢谢。我对这些知识印象深刻。‘将你的演说内容的目标定为以听众为中心。’我非常肯定我已经这样做了。”你做得非常对。这不是造火箭，这种你以前肯定听说过的东西。然而，虽然这在原则上并不让人惊讶，但在实践中却很难找到。我们所有人的心中都有着最好的预期，而且我们中的大多数人在准备演说内容或准备想达到的结果时都考虑到了听众。

但当我们开口开始讲话时，你就会忽略这些：这种演说方式已经转移到了我们的演说内容中，而我们甚至未能察觉这一切！

首先，也最重要的是，在影响别人的过程中——也就是在我们要求别人去做某些事情的时候——我们认为必须证明自己：证明自己的资格、胜任工作的能力、其他各种能力、自己的团队、产品、工艺与服务，等等等等。我们展示出支持自己想法的所有原因：为什么我，为什么我们……而突然间，这一切都失去了意义。这就像人们在谈到蜕变时用的一句老话，“不是你，是我。”这对于脆弱年轻的心灵来说是一次沉重的打击。呃，这就是我们沟通的方式。我们会说：“不是你。是我，这里有关于我的一切。”这在与恋人分手时也许是一个很好的理由，但你不能每天都用这种方式去沟通。在这个例子里，这对你的听众是一个沉重的打击。

还会发生什么呢？我们有着自己的议程。我们在销售活动中看到了很多这样的情况。“我想要为你描述我的漂亮的新产品。”为什么？因为我得完成我的工作定额；因为我需要你买它；因为我拥有全世界最漂亮的产品。不管我们怎么想，或怎么希望，或怎么试图让别人去接受，我们得到的结果都会像戛纳莱昂斯国际创意节上的玛丽莎·梅耶尔。她非但没有让听众认为雅虎是做广告最好的地方，她说的话反而产生了不理想的效果，让听众对其有了抵触情绪。如果她当时在戛纳这个具有创造性的社区不是只顾着谈论雅虎，而是以听众为中心，她就会取得大得多的成就。

这不仅仅发生在主讲台上。我们在任何地方都会这样。凯利曾经收到过一通推销的语音留言，我们就拿这个打比方。凯利回忆道：“我记得我当时在想，这个玩笑太离谱了！接着，在我马上要删除这条信息之前，我想，‘这就是一个很好的例子，它可以让我们了解什么事情不该去做。我将在下次培训时使用这个。’”

下面就是这份语音留言的内容：

> 早上好！很抱歉我想你了。夫人，我们的主要业务是关于演说者与咨询者。我们做的是，我们帮助这些人在互联网上获得更多的曝光度。我们的客户有国家演说家协会的顶级演说者，我们也很乐意为你提供同样的机会。我们不仅能为你节省成本，也能增强你的企业的知名度与在网络上的曝光度。我们是世界级的。如果你对我们的业务感兴趣，就给我打电话。我的号码是［电话号码］。我们也非常希望你能够告诉我们，为了能帮助你获得更多的曝光度，我们能做的事情。祝你今日过得愉快。再见！

你在读这段文字时，读出了些什么了吗？我们来看看这段文字的第一个部分：

> 早上好！很抱歉我想你了。夫人，我们的主要业务是关于演说者与咨询者。我们做的是，我们帮助这些人在互联网络上获得更多的曝光度。我们的客户有国家演说家协会的顶级演说者，我们也很乐意为你提供同样的机会。我们不仅能为你节省成本，也能增强你的企业的知名度与在网络上的曝光度。我们是世界级的。

文中共使用了七次“我们”，四次“你”。我们的一个客户发现，“文中都是我们，我们，我们……没完没了。”

你也许可以忽略这个例子，把他当作是一个努力赚钱且读着稿子的初级销售代表。好吧，他可能是在读着稿子。但每次我们在创建演说稿时，我们也是在写演说稿！我们落入了同样的一个陷阱，这就是，我们觉得有必要证明我们的议程，并证明我们自己。这不是关于我们的。我们需要尽可能地让演说以听众为中心。

由于我们的目标是影响别人，并说服他们采取行动，因此我们在演说中不能事事以自我为中心。相反，我们需要退一步，并问问自己一些关于听众的关键问题。这是整个过程的一个关键步骤，甚至或特别是在你非常了解听众的情况下——比如说，你的团队、你的老板或一位关键客户。虽然你与这些人共事多年，并了解他们的思维与处理问题的方式，但这并意味着他们同样的观点、想法与目标会直接转化为另一个主题。

花一些时间对与你的听众有关的问题进行思考：

● 他们是谁？

● 他们为什么会来这里？他们想从你的演说内容中期待什么？

● 他们对于演说主题了解多少，他们对其有什么样的感受？

● 他们着重于数据或商业性？（他们对事实、数据与细节感兴趣，还是对全局性的商业问题感兴趣？）

● 他们会抵触什么东西？他们会以什么样的方式对你的演说内容提出异议？

● 你能够用什么方式帮助他们？你试图去解决的哪些问题能在某种程度上改善他们的生活？

对于这些问题的回答将帮助你理解如何转变你的演说内容——让你的演说内容与你的听众产生关联性与/或启发性。

一旦你回答了这些有关听众的问题，选三个优先的形容词来描述你的听众。比如说，存在抵触情绪的、开明的、充满敌意的、怀疑的、友好的、具有预算意识的，等等。这三个形容词将构成你的听众概况。要始终记住这种听众概况，因为它将让你在准备演说内容的过程中将注意力放在听众身上。

让我们用行动去见证

让我们重新来看看先前那位初级销售代表的语音推销词，我们再使用“基础”来对它进行重新整理。在他的版本中，听众都是普通人（都是“我的列表中的任何人”）。注意：你不要总是试图去了解关于你的听众的一切，但你要找到你力所能及的事情；即使只有一件让你与众不同的事情。

我们进行了一些深入的研究，发现他的公司正在进行搜索引擎优化的业务。这种业务能够帮助客户在谷歌、必应、雅虎以及其他类似的网站的搜索结果的排名靠前。如果那位销售代表仅仅是搜索了“沟通培训”的话，那么他就会发现，在那个时候，戴克尔在搜索引擎优化上进行了很少的投资（事实上，我们的大多数业务都是通过口碑传播的，而且现在大多数情形仍是如此）。因此，在这个例子里，我们可以说他在与一个搜索排名预期很差的客户沟通。你的便笺看上去可能就会像图 6—3 那样。

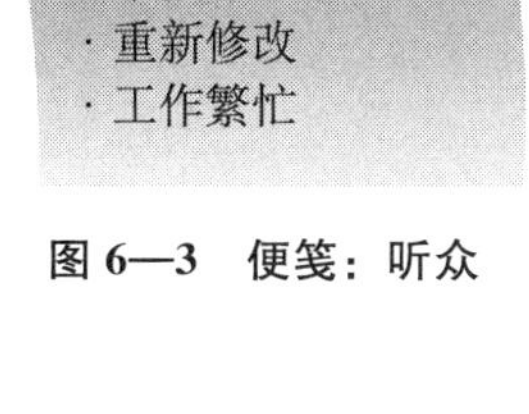

图 6—3　便笺：听众

小贴士：知识的诅咒

在进行这项练习时要注意一个问题：当心“知识的诅咒”。关于这个问题，奇普·希斯与丹·希斯在《坚持到底》一书中做过精彩的阐述：知识的诅咒是一种具有破坏性、流行性并会让人困扰的演说内容，它会在任何场景下出现。它是一个盲点，而这个盲点会阻碍我们去发现听众所了解与不了解的东西。我们这样假设：仅仅因为我们使用像SHARPs这样的首字母缩略词，那么其他任何人也知道这代表了什么意思。我们每天都得去想我们在与哪些人说话，而我们与这些人所说的话也需要不断地改变。

我们来讲一个简单的亲身经历：如果我的电脑出现了问题，我就会去叫IT（信息科技人员）。要记住，我不会说IT。我想要知道的是，我需要按下哪个按钮能够解决我的电脑问题。然而，求助台的接待员习惯性地说IT，想当然地认为我也必须具备这种知识。于是他开始使用一些专业术语，如千兆赫、随机存取存储器（RAM）、处理速度、比特（二进制的位）与字节。这种沟通方式很有效吧？不见得——至少对我来说是这样，而我正是这位听众。如果这位求助台的专业人士知道一个事实，也就是，我不想了解电脑的工作原理，或者电脑为什么会出现问题，而且我作为一位高管，每天的工作都很忙，每件事情都设定了完成期限，我只是想知道我需要按下哪个按钮，那么他就会告诉我把电脑关掉，然后过45分钟之后再重新启动电脑。就这么简单。这也确实是我想要的。如果你能够真正对你听众做到如此深入的思考，你就能破除“知识的诅咒”。

就是这样！在识别了你的听众的情况之后，你就可以思考如何全面地布局，并且思考自己该采用什么方法来影响这些特定的听众，也就是在“沟通者蓝图”横轴上从为听众提供信息转变为对听众产生影响。

观点：找到你的故事的主旨

现在我们面临的困难是：你必须得找到一个能够让你开口说话的媒介。一个，仅仅一个。你必须找到你的故事的主旨。记得第五章中安德鲁·斯丹顿说过：“讲故事就如同开玩笑，要了解故事的重点与目的。你要了解，从你的故事开始到结束，所有的一切都是为了完成你特定的目的。”你想要他们，你的听众，能完全接受的一个要点是什么？这就是你的观点。

找到观点的绝佳方式就是了解你的听众的情况：从听众的立场出发，并让他们有理由与你互动共鸣。这听起来很简单，但人们却很少将其付诸实施。对执行官的培训课程上，我们会问：“你在讲完所有一切之后，你希望你的听众怎么做？”我们几乎每次得到的回应都是漫长的、陷入思考的沉默。

那么，观点究竟是什么呢？我们可以通过下列方式进行思考：

- 你的不错的想法与你的故事的主旨；你想要房间里的所有人都能够接受的一样东西；你的整个推介会的目标——你的讲话中的所有内容都将以此来构建。

- 你想要你的听众如何思考你的观点或根据你的观点做出行动的最大改变。

- 在不表露你的自私的抱负的情况下提出“问题”：重点强调

为什么它与你的听众有关联。一旦你确定了你的观点，把它写下来并作为你的演说内容的第二观点（见图6—2）。

了解了吗？让我们来检验一下。

以下情况不属于观点：

1. 观点永远不能含有你公司或组织的名称，或者一种产品或服务的名称。那是以自我为中心的内容。如果你是一位销售员，你的客户已经知道你所代表的公司，也可能已经了解你将要销售的产品。为了能够转为以听众为中心的内容，你就需要考虑你所说的话对你的客户究竟意味着什么：你所说的将如何对他们有益处？他们从中获得了怎样的机会？如果让他们认为你所说的与众不同，他们又能获得怎样的好处？

2. 观点不能只具有信息功能。我们的目标是在“沟通者蓝图”上向右边区域移动。你的目标不仅仅是为听众提供信息，而且还要在你说话的整个过程中让听众转变思维。观点的意义则在于说服你的听众，并让他们采取行动，这样你就应该以一个短语或一句话来陈述你的观点，而且这样的观点还应该包括你想要你的听众接受、采纳并付诸实施的变化。

3. 观点不是关于你自己。也就是在不展示自我野心的情况下提出要求。这是我们大家都能够一致认可的共同目标。你所希望看到的回应应该是大家都点头赞同。你想要你的听众说“跟我多讲一些吧”，而不是“我们现在能离开了吗？”我们在这里举一个没能以听众为中心的观点。一天，当本在自己的办公桌前工作时，我们的一位小组成员走了进来并询问本他现在是否有空。我们实施的是开放式办公的政策，本当然就表示他有空。这位成员坐了下来，并对本说道："我认为我们的目光过于短浅。"他继续说着关于一位新客户提出的一些相当简单的请求。但遗憾的是，他的开场白让本无法支持他。他这样很容易让本大吃一惊，本很快就采取了守势。为什么？虽然这位成员的说法可能是真实的，但观点的整体思路是让你的听众接受你的思想，与你共进退——而不是让他们在中途停止前进。

如果我们能够避免之前的错误，我们就能有完全不同的经历。如果他对本说"我们需要确保与新客户的初次接触要尽可能顺利"，本则会说些像"当然。你在这方面多谈谈你的想法"之类的话，那么整个谈话就可以持续两到三分钟，或许更长。你要找到对你的听众来说非常重要的主旨。你的目标是让他们能够站在你这边。要让他们从接受信息到接受你的影响，然后激励他们。

当你的演说内容从以自我为中心转为以听众为中心时，你就能够销售任何东西，也能对任何东西产生影响——这对我们所有人都是非常重要的一课，不论你是默默无闻在办公室推销对冲基金的人员，或是在杂货店卖"女童军"曲奇的店员。

你的演说内容需要安排一个主旨，即对你的说话内容的中心思想进行清楚简明的陈述。企业家塞斯·戈丁在其博客中谈到了在销售"女童军"曲奇，或销售其他产品或思想的过程中找到正确的主旨的重要性：

> 要教年轻人学会销售是一份无价的礼物……他们可以终身受益。遗憾的是，"女童军"组织却教其成员去背诵一份相当复杂的长篇论述，在这个说话的过程中，他们要介绍自

己，详细地谈论女童军组织所开展的公益事业，最后还要说明他们获取的资金的种种用途。女童军所说的都是围绕组织的议程，而不是听众的要求与需要。

应该采用一种不同的方式——简单且容易记忆、完全以听众为中心的说话内容。比如："你最喜欢'女童军'曲奇的哪一种?"用这种简单的提问的方式，交易的力量发生了转变，"女童军"成为从恳求者转变为具有价值的供应者。更重要的是，这个提问不会让别人给出"不，谢谢"的回答，反而会让听者主动去选择他最喜欢的品种。

我们再回头看看克里收到的那份语音推销词。最初推销词的观点或主旨好像是说，"我们能够帮助你获得更多的网络曝光度"。我们知道这样不会有好的效果，因为这不是以听众为中心。我们知道听众（这时的听众是凯利）是一位潜在客户，其搜索排名差，对电子营销不大熟悉，希望增加营收，但她却很忙。语音推销的整体思想则是试图改变听众（凯利）的思维方式或进行相对的搜索引擎优化。将自己的观点定位在"创造更多的网络曝光度"不是一个很好的想法，因为这对听众的意义不大，特别是当她甚至不了解搜索引擎优化的时候（在这里，就出现了知识的诅咒）。销售人员也不应该把"接受我们的服务"当作导线，因为这会让他处于横轴上的以自我为中心的位置上。

针对凯利目前的努力，他需要表达出增强些许网络营销的重要性。而他只是试图在改变她（听众）对于搜索引擎优化的想法与举措。让我们再次来关注一下听众的需求。他了解这位听众可能是一位小企业主，没有时间或资金投入到网络营销，但对这方面有着兴趣，特别是当这种方式能产生具有竞争力的利润时。那位销售代表本可以采用更好的观点，也就是“你的潜在客户肯定能在第一时间发现你”（见图 6—4）。换句话说，由于你忽略了这个渠道的营销，你正在失去一些潜在的生意机会。

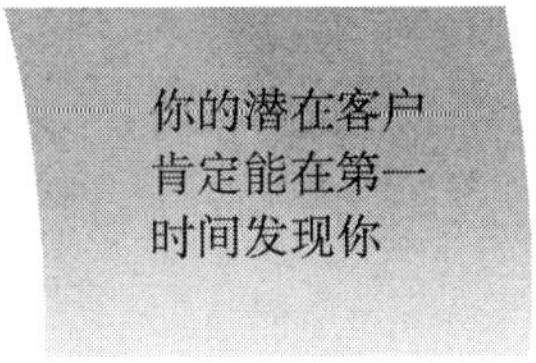

图 6—4　便笺：观点

克里斯·安德森在本章的开篇引言中说道：“你得从他们的立场出发，而且你得给他们一个追随你的理由。”这个观点确实做到了那样——而且也具有一种特殊的力量，让听众的思维从信息（由于了解了有关你公司的信息）转变为影响（或者是指导，或者是激励）：“这种方式有利于我的生意的转型。”

在确定观点方面，我们来看看 Netflix 公司的例子。Netflix 经常被人们称赞为了不起的创新公司，因其颠覆了视频租赁产业并让百视达视频连锁店走向破产。但它起步时并不是这样的。1997 年，Netflix 启动了其固定费率的 DVD 邮购服务。这是一种很酷的营销方式。你可以登录他们的网站，将一些电影加入观看列表，而 Netflix 则会根据你的点播每次向你邮寄三部电影。这样很方便，也能够选择好的影片。这也是 Netflix 打入市场的方式。

尽管人们觉得这样很方便，也能够选择好的影片，但却不具有绝对优势。那个时候，百视达视频连锁店几乎在城市的每个角落都有连锁店。出门去租一部电影并不是什么不方便的事情，而百视达视频连锁店总是有很多的影片让大家选择。因此 Netflix 一时间无法红火起来。

接着，Netflix 找到了至关重要的观点——其故事的主旨。对于在百视达视频连锁店租影片，让人们最烦恼的事情是什么呢？那就是延误费。大家都知道，影片租赁店的延误费是最让人头痛的。哦，你忘记了按时归还 DVD 吗？那好吧，请交付延误费！你比最后还片的时间晚了两分钟归还？那好吧，也请交付延误费！

当 Netflix 发现自己竟然没有将“无延误费”当作其营销手段时感到极为恼怒。毕竟，人们可以在任何他们想归还的时候归还影片，因此很明显，延误费就不存在了！但消费者却不了解这些。当 Netflix 将“无延误费”作为其营销手段，并将其发布在营销资料的头版上时，它开始吞噬百视达视频连锁店的大部分生意——他们找对了听众，也采取了正确的手段。

现在，我们假设 Netflix 准备改变营销策略，不聚焦大众市场，而是特定的电影爱好者，其观点又会是什么呢？“无延误费”可能不会是最具有影响力的因素。观点应该与“选择性”有关。就是这样。人们现在就可以找到自己最喜爱的上世纪 70 年代摇滚乐队的稀有纪录片。

正确地使用观点。确保每次你的听众改变时，你也随之改变。

行动步骤：要尽量具体

在你构思出一种具有影响力且着重于改变的观点之后，你就得着手去迎接你将要面临的第二种挑战，那就是让你的演说从具有说服力到激励人们行动。听众们最好的反应应该是，“我完全接受你的观点！快告诉我朝哪个方向行动，要做些什么。”接着，你就告诉听众这些。

你必须能够为听众指明一条行动路线。让他们对未来充满憧憬——无论是对接下来的几个小时还是数年里的憧憬，都可以——并且为他们提供具体的行动步骤，从而让他们获得某些成就。行动步骤的位置在“沟通者蓝图”的左下角：你将会看到一份总体的行动步骤与一份具体的行动步骤（见图 6—2）。

说出一项行动将为你的演说增添实质性的内容，它能够具体告诉你的听众朝哪个方向前进，以及具体怎么做。为了能让听众达到这个目标，它也提供了清晰与符合逻辑的行动路线。最妙之处在于，清晰的行动步骤让你说出的话具有实实在在的可信度，这样你就可以回问道：“在我们的上次会议中，你承诺在这周内完成任务。你的任务现在进行得怎么样了?”在听众支持观点的情况下，具体的行动步骤就能够让所有人都行动起来。这是我们的演说中重大且必需的一部分，但我们却不大擅长创造这些。在构思出了观点之后，我们通常不会具体地去思考最终将得到的结果。

具体案例：凯利对一家能源公司的首席执行官进行过培训，这家公司正在为年中的城市议会做准备，凯利向他问道：“在议会上的发言结束之后，你希望他们能够做些什么?”凯利为他准备了一些想法，并提供了一些能够让下半年的生意好转的具体实施步骤。这位执行官表示：“我无法相信我以前怎么就没有想到这些。我的脑子里有过这些想法，但我却很难用言语把想要的表达出来。”

你的目标是从整体与具体层面告诉听众需要做的事情。不要总是强调模糊不清的下一个步骤，这样会让你的演说最终失败。要懂得一件事，即你无须为你的听众提供达到最终目标的所有步骤。你也许可以提供一些让他们能够采取行动的初始步骤。

首先，你需要一份总体的行动步骤：当你的听众接受了你的观点之后，下一步该怎么做？总体的行动步骤就是……总体概括性的。这听起来就像是进一步探寻你的主题，对商业案例进行比较、对比、试行、学习、理解或回顾。要鼓励你的听众持续不断地接受新的观念与信息。要向他们推荐一些能够有助于他们行动的书籍、视频与其他资源。

接着，你需要为他们提供具体的行动步骤；这些步骤应该被设定时间，非常具体，并且可以衡量。设定目标与完成的期限。例如，你建议你的听众加入一个组织，创建社会责任团体，发现邻里的需要并满足这些需要，或一些类似的东西。为他们提供能够接触到的各个组织的名称与联系方式。向他们提供其他人正在实施具体行动步骤的实例。为他们的行动设定最后完成期限——比如说周一下午 5 点、本周末或我们下次开会时。具体的行动步骤能够用我们的代办事项清单加以核验。这就是能真正驱使我们行动的东西。

2011 年 2 月，我们参加了我们举办的首届小学拍卖会。在现场拍卖会进行到一半的时候，拍卖员宣布了需要融资的特别项目。他具体描述了校方需要融资 3 万美元，来为学校的电脑实验室购买新的苹果平板电脑与笔记本。接着他又描述了校方将要实施的特殊课程与每个年级的学生将如何使用这些设备。房间里的每位父母亲都能看到他们自己的孩子将如何在这个项目上受益。这不是花些钱去购买学校需要的杂七杂八的物资。我的孩子可以用苹果平板电脑学习知识!

拍卖员用大约 4 分钟的时间，就完成了这笔资金的融资，而且没有采用不正当的手段。拍卖员在这次融资上强调了两点：（1）具体需要融资的金额；（2）这笔资金要购买的具体东西。有趣的是，第二年的拍卖会却未能融到这么多的资金。拍卖会没有提出具体的项目，只是列出在各种项目上要花费的钱。这一年的融资额仅仅是上一年的 70%。这是巧合吗？我们认为不是。

你的演说内容应该能够让你的听众举起他们的叫价牌。让我们从具有说服力转为让听众行动。用自己的热情、兴奋、激情与能量来点燃听众的激情。你的行动步骤告诉他们为了他们与他们的社区，如何将激励性的能量转变为益处多多的行动。

我们再来回顾一下之前我们谈到的推销语音留言。在那份最初的内容中，没有激励人采取行动的措辞，仅仅是无力地带了一句，“如果你对我们的业务感兴趣，就给我打电话。”现在我们有了自己的听众，观点也准备好了，我们就可以，“当我的听众接受了我的观点（在这个例子里，‘你的潜在客户肯定能在第一时间发现你’），接着他们将会怎么做呢?”

不要低估行动步骤的力量（见图 6—5 与图 6—6）！“沟通者蓝图”是由行动来主导的。“蓝图”左边区域与右边区域的区别在于，通过你的沟通体验来让听众采取某些行动。要想超越仅仅为听众提供信息，从而进入到产生影响的地带，你就必须为你的演说内容设定行动步骤。

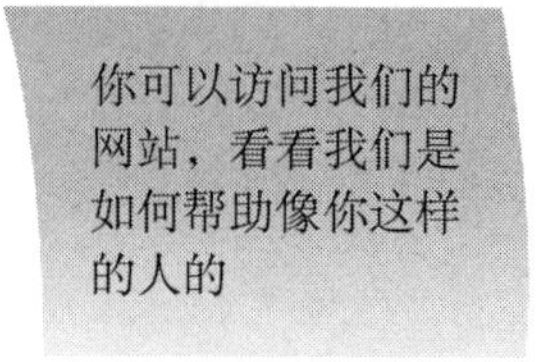

图 6—5　便笺：总体行动步骤

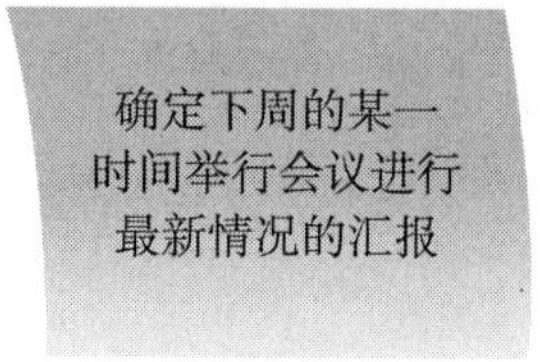

图 6—6　便笺：具体行动步骤

益处：让听众在意

只要提供清晰与步骤明了的指引，你的行动步骤就会对听众的逻辑思维产生吸引力。让听众对你的行动步骤在意，关键在于听众能得到益处。你要在你的演说内容中除了注入SHARPs之外，还要注入更多的情感，从而让沟通体验从“指导”转变为“激励”。你已经用你的行动步骤要求你的听众去做一些事情。现在，你必须给他们一个绝好的理由去做这些事情。他们所做的事情能给他们带来什么？你得再回头看看你的听众基本情况。

益处不应该是这些行动将如何帮助你自己，而应该是如何帮助你的听众。要让它能够对听众有益处。我们来看看之前我们提到的融资的例子，将事务具体化既有助于行动（父母亲们能够“看到”他们的捐款用在了哪里），也能看到益处（他们知道这些资金能够帮助自己的孩子）。

通常情况下，我们会给出很多抽象的益处，而这些却很难让任何人去做任何事情。我们都希望能成为公司的好员工，但在我们谈论投资收益时，销售与收益总额增长、客户满意度提高以及效率更高的工艺规程对个人来讲不具有太大的意义。你必须尽可能地将这种益处推进到个人的层面——思考一下：你的孩子与整个学校系统相比——这样你就可以从逻辑转为情感。而在“沟通者蓝图”上，这就是你沿着纵轴向上攀升的方式。

尽可能直击个人层面的一个绝好的方式就是回顾你是如何描述你的听众的，然后给予听众一些能引发他们关注以及能够满足其目标与需求的益处。比如说，如果你将自己的听众描述为“风险型”，那么就要给予他们一些能够带来“平和心灵”的益处。如果他们是“保守型”，那么就要告诉他们如何在现有的投资中权衡。

你所提议的内容也许能够产生许多益处，但为了更好地发挥你演说内容的效力，你只需选择两种益处。

我们之前例子中的推销语音留言的效果又如何呢？在初稿中，销售代表给予的益处是“多”与“网络曝光度”。这非常具有吸引力，对吧？让我们来回顾一下我们是如何描述听众的（见图6—3）。

让我们给予小企业主一些听着就感到兴奋的益处（见图6—7与图6—8）。

图6—7　便笺：益处

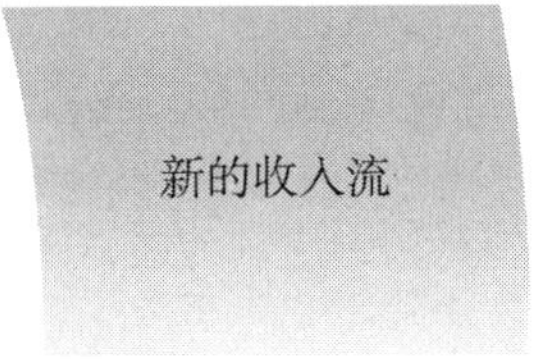

图6—8　便笺：益处

我们来看看该如何让所有这些发挥效力（见图6—9）。

如果这位销售代表使用“沟通者蓝图”来构思他想要传递的内容，他就可以围绕观点来为其内容添加一些色彩，使之变得更具有

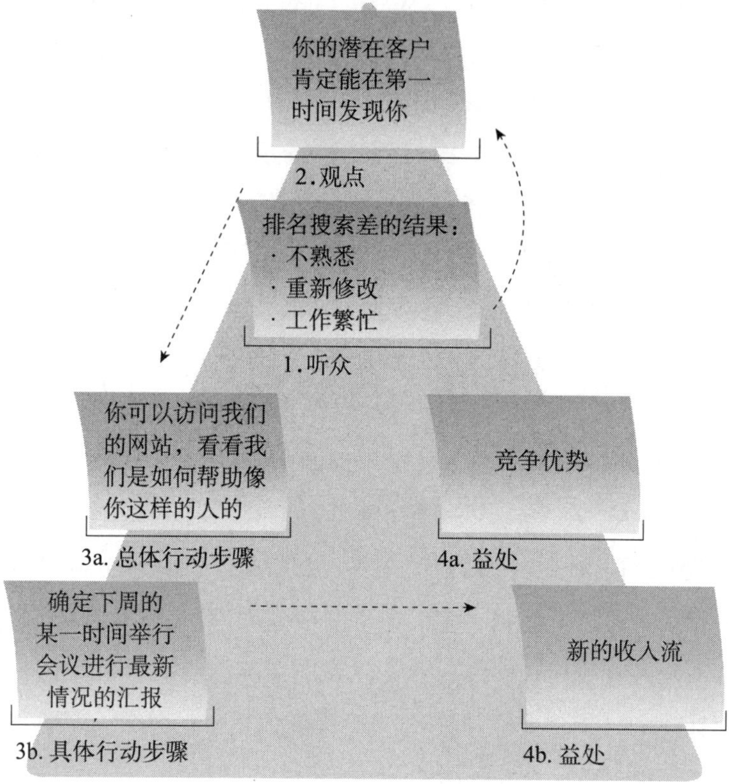

图 6—9　基础：聚集于你的想法

对话效果，接下来则可以给出行动步骤以及随之而来的益处。比如：

> Decker. com 是一个不错的网站。可问题是，这个网站和我一样，其他人不会那么容易发现你，而他们可能在发现你之前先发现的是你的竞争对手。你的潜在客户必须能在第一时间发现你。我们的团队就是专业干这个的。我们帮助你在搜索引擎上的排名攀升，从而引导更多的潜在客户来访问你的网站。

你可以在 awesomeseo. com 上浏览我们公司的网站，你可以了解到我们对像你这样的培训与咨询公司所完成的事情。我会在邮件里建议下周进行跟踪汇报的次数。麻烦你告诉我哪种方式最适合你，我会进行合理的安排。你会发现，即使仅仅在提升公司存在度上采取一些简单的措施，你的潜在客户就会更容易找到你，从而让你获得竞争优势和一种新的收入流。我期待下周与你见面详谈！

现在，那位销售代表应该已经得到了客人的来电——甚至是凯利打来的。

做好该做的事情

在不具备基础的情况下，你必须做好该做的事情。通过构思整个演说内容，并将演说内容从以自我为中心转为以听众为中心，你在“沟通者蓝图”上的沟通体验就可以进一步地向右边移动，也就是从向听众提供信息转为对听众产生影响力。

要把这些基础植入到你的演说习惯中去。当你的老板让你参加一个会议，并让你谈谈新产品发布时，你就要思考：听众、观点、行动与益处。这种下意识的实践能转变你的思维模式。这会让你更加注重以行动为导向，以听众为中心。稍微幸运的话，你就会总是想着以这种方式去思考与行动——从会议室到自己家里的更衣室，你都会如此。

你们可以参考一下我们以前的一个客户发给我们的这个成功故事——“科尔的父亲”。他写道：

教育孩子遇到的挑战：让科尔换纸尿裤。

（提示：如果科尔不愿意换纸尿裤，我们是几乎不可能办到的。）

我：我需要换掉你的纸尿裤。

科尔：不。我不换！（眼睛狠狠转动着，而且重重地跺脚）

我记起了我们培训中所讲到的以听众为中心的演说框架。

我：长时间不换纸尿裤会让你身上长疹子的。

我：快到房间里来，躺到床上，我就可以给你换纸尿裤了。

我：如果你现在马上换掉纸尿裤，你身上就不会长疹子，你就会更开心。

我：快随我来。

科尔：好吧。（笑着）

这不是开玩笑吧！我这样真的成功了。原本科尔对爸爸不着边际的种种想法不屑一顾，因此我实际上必须仔细想想我的观点、采取的行动以及能够带来的益处。你越具有说服力，科尔就越有可能配合你。

一切都始于基础。每次都是如此。正如科尔做的那样，你的观点、行动与益处越具有说服力，你的听众参与其中的可能性就越大。“戴克尔框架”中第一步的重要步骤将简单地通过具体关注你的听众，开始将你的思维模式从提供信息转变为产生影响力。你能够仅仅使用观点来准备一份语音留言（正如我们在本章中读到的）、一次快速的电梯游说，或是快速地强调你的想法。而且，如果你的时间非常紧，那么在另一个大的机会出现之前，花 5 分钟强调你的想法就非常值得了。

当你的设定正确的时候，你的演说内容的余下部分的筹划就会变得简单。当你要发表更长的讲话或举行更大的推介会时，你就不仅仅需要基础了。基础是以听众为中心的信息发布平台。一开始，你就要知道自己的目标是什么，接着仅需要填补鸿沟。你在演说内容的正文中所说的一切都将建立在基础之上。接下来让我们进入第七章，我们会给你讲述如何建立演说内容的余下部分，完成“戴克尔框架”，为你下一次的大的推介会、讲话、活动与会议节省时间。

练习

看

- 观看广告宣传与商业广告（在数码摄像机上不要总是快进）。要留意这些广告中实际上有多少具有以听众为中心的观点：只管去做（耐克）、拥有你的明天（斯奇瓦博）与思考幸福（可口可乐）。
- 留意有多少人会在一对一的会议中，甚至在推介会上准备演说内容。他们的演说内容是关于他们自己还是关于你？他们在提供数据还是在更新数据？或者他们是否在帮助你看到全局并打动你？

想

- 思考你度过的一周——你所参加的所有会谈与会议。演说完之后，你打算进行什么样的改变？你打算要去做的不同的事情是什么？分析观点如何影响了那些沟通体验。

做

- 使用观点来改变自己通常准备“更新数据”类会议的方式。你如何能够让其更倾向于以听众为中心和以行动为导向？你将如何超越提供信息，从而产生影响力？
- 在下次会议中应用一个观点。听众会赞同并“接受”你改变的设想吗？
- 要确保你的听众在会议结束之前了解你要他们去做的事情。具体的行动步骤在使用的过程中是最具挑战性的因素。
- 让听众具有责任感。在给予你的听众具体行动步骤之后，要确保在下次的会议中询问他们行动的情况。他们在最后期限之前完成了吗？他们有没有拖延？

第七章　要一个框架而不是一份演说稿

创新不是逻辑思维的产物，然而创新的结果却与逻辑结构紧密相连。

——阿尔伯特·爱因斯坦

本最近与一位我们称之为伊莱恩的客户共事。她是一家软件公司的美洲区总裁。当时她正在为一次大型的行业活动上的讲话做准备，且已经有两个人帮她写好了演说稿——一份是人力资源部写的，一份是营销部写的。她的团队成员确实做了他们应该做的事情——他们准备的演说稿既妙趣横生，又发人深思。唯一的问题是，这种演说稿不符合伊莱恩的风格。这一天她感到非常挫败，原因是演说稿不适合自己。她与本见了面（其他部门的两个人没有参与），并开始谈论这些演说稿。本一开始就把她的团队提供的演说稿大致过了一遍，时不时停下来注意主要的要点。只要本问道，

“这一部分怎么样?”伊莱恩就会马上反应过来，烦躁地说：“你瞧，这些都不是我想说的。反正是有哪里不对劲。”

本回答说，“好吧。你会怎么说呢?”

“呃，如果我只是对你说的话，我会这样说……”

“很好，就那样说!”

“哇噢！我刚才说了什么？我得记录下来!”

伊莱恩意识到，当她说的话不是自己想说的，她就感觉不自在，而且还会变得更紧张，而不是更加自信。她深深地认识到，临场发挥与发自内心的讲话能够创造一种更加有效的沟通体验。同时当你拥有甘冒风险的勇气，并抛开演说稿时，伊莱恩就能够真正地释放自我。

正如伊莱恩一样，你需要的是一个框架，而不是一份演说稿——也就是，你需要一种发表演说的方式，能让你自由地用自己的语言讲话，在现场能回应听众，以及能让你即兴发挥的方式。最终，当你在一大群人面前，接一个电话，参加一个网络视频会议或重要会议时，这种方式不是关于你说的确切的话；而是你要表现得专注以及说话逻辑上具有组织性。

在构思你的演说内容时，框架是绝对关键的。你的听众也在寻找框架；他们想知道你想要对他们说什么，想要他们怎么做。在一次推介会上我们都坐在听众席上，都想知道推介会的关键要点是什么。想象一下，你的听众很不耐烦地用手指在桌子上敲来敲去，直到你为他们指明方向之后才停止这种动作。你怎样做？在“戴克尔框架”的第一步——基础——完成之后，你就走上了构建框架之路，而这种框架能承载你要表达的内容。

第二步：创造——构思你的论证观点

当你构思时，需要遵循两种简单的法则：

1. 不要编辑。构思的关键在于在不编辑的情况下，想出尽可能多的想法。当进行团队协作时，以及根据别人的观点进行构思时，我们这方面做得很好。但对自己的想法进行这方面的工作时，就力不从心了。当我们非常熟悉材料时，我们就很难去进行构思，因为我们通常非常清楚我们的演说内容需要达到的目的。通常情况下，我们会很快地对我们的想法进行编辑，开始寻找那些具有潜质的想法，把这些想法构思为我们故事的关键部分。当我们要做的仅仅是把这些想法写在纸上的时候，我们会很快忽略这些想法或把它们扔在一边。我们在戴克尔对公司总裁们进行一对一的指导时，就经常会遇到这样的情形：通常情况下，像我们这样的“外行人”更容易对各种想法进行构思，这并不代表我们更聪明或更具有创造力，而是我们对这些想法不熟悉。当你开始实践的时候，要保持头脑清晰，朝着大的方向去思考，并把自己当作行业的局外人。你的目标是更多的想法，而不是更好的想法（至少现在还不是时候）。

2. 分配具体的时间。时间所带来的压力也是整个过程的一部分。如果没有时间的设置，这个创造性的过程就会永无止境地进行下去。要根据你做准备需要用的时间，将时间设置在 3～15 分钟之间。要确定好时间的限制，并感受到时间带来的压力，这是非常重要的。

现在，在你的基础准备就绪之后，先问问自己：“我的听众们想知道什么，才能接受我的观点，实施行动步骤，并得到益处呢?”要对能够支持基础的关键要点进行构思。拿出你的贴纸本，一旦有想法出现在脑海里就快速把它写在贴纸上，然后把贴纸撕下来，贴在你面前的桌子上或纸上。先不必担心这些会弄乱，你可以稍后再一起整理。

考虑以下因素：

- 关键的见解
- 背景/现状或问题
- 行业基准与趋势
- 例子
- 案例研究/实地采访
- 成功故事
- 面临的种种挑战
- 针对问题的解决方案
- 备用方案
- 变化
- 各种其他选择
- 机会
- 建议
- 各种解决方案
- 你能够做到的

要不停地构思，直到你设定的时间结束。如果你的头脑中还在不停地冒出想法，就花更多的时间去做这项工作。这没问题。一旦你得到了所有这些想法，你就可以进行下一步的工作了。

第三步：整理——组织你的想法

我们现在准备得还不够充分，暂时还不能编辑这些想法。现在我们把这些想法整理一下。整理想法的步骤将有助于你在最后的步骤中对这些想法进行更有效的编辑。将你的相类似的想法聚拢在一起。比如说，好几个想法可能都与你提议的金融影响有关，将这几个想法放在一起。也许还有一些贴纸上的想法详细说明了提议的解决方案，把这些也放在一起。

在你完成整理想法这个步骤之后，你也许会发觉有些贴纸上的想法跟放好的那一堆不合适。没问题。你可以把它拿出来。不合适的想法也许以后可以用得上。或者，在对你的听众进行研究之后，你发觉一个想法不合适（也许是实际情形的水平过高或过低，或是不值得去实施的想法），你可以把它先放在一边。

一旦你整理了你所有的想法之后，就可以把每一沓中的主要想法找出来。你可能已经有了一张写着主要想法的贴纸，而这一沓中的其他贴纸都是支持主要想法的。将每一沓的主要想法用下划线注明。如果没有的话，你可以给这一沓添加一张贴纸，并做好标记。这些有下划线的标记将会成为你的关键要点。聚拢在这些标记下的也就是你的次要点。要把每种关键要点当作构建基础的声明，次要点则是支持关键要点的证据。

将所有聚拢的沓都查看一遍。这些通常都会激发出更多的想法，所以可以再花 3 分钟的时间进行构思。将新的贴纸放到适当的簇中。

现在你就可以开始对你的演说内容进行最后的编辑或创作了。

第四步：创作——编辑你的最终演说内容

“戴克尔框架”遵循着古老的格言——“把你想要告诉他们的告诉他们。告诉他们好了。然后把你已经告诉他们的话再告诉他们。”在创作的步骤中，你的工作就是把你最好的想法给提炼出来，并为了达到最大化的说服与影响效果来构思你的演说内容（见图 7—1）。一开始要创作演说内容的中心部分，即正文。你可以在稍后再创作开场白与结束语。

着重于“三因素法则”：三件事物最能让人记牢，也能达到最后的组织效果。拉丁语 omni trium perfectum（以三个因素来表示的所有事物都是完美的）说的也是这个意思。以“三因素法则”描述的东西比较简洁，人们也能很快识别这种表达方式。人类非常擅长识别表达方式，而三个因素则是创建一种表达方式所需的最少的数。在任何一个三因素的表达中添加第四种因素的话，表达就会受到影响。正如穆里尔·哈姆弗雷对自己的丈夫、美国副总统休伯特·H·汉弗莱所说的那样：“要记住，休伯特，你不需要把自己的演说弄得过长，才能让人感到它的不朽。”

在生活中你随处可见“三因素法则”：

- 停止、放下与滚动
- 绿灯、黄灯与红灯
- 生命、自由与对幸福的追求
- 三只小猪、三只瞎耗子与三个朋友

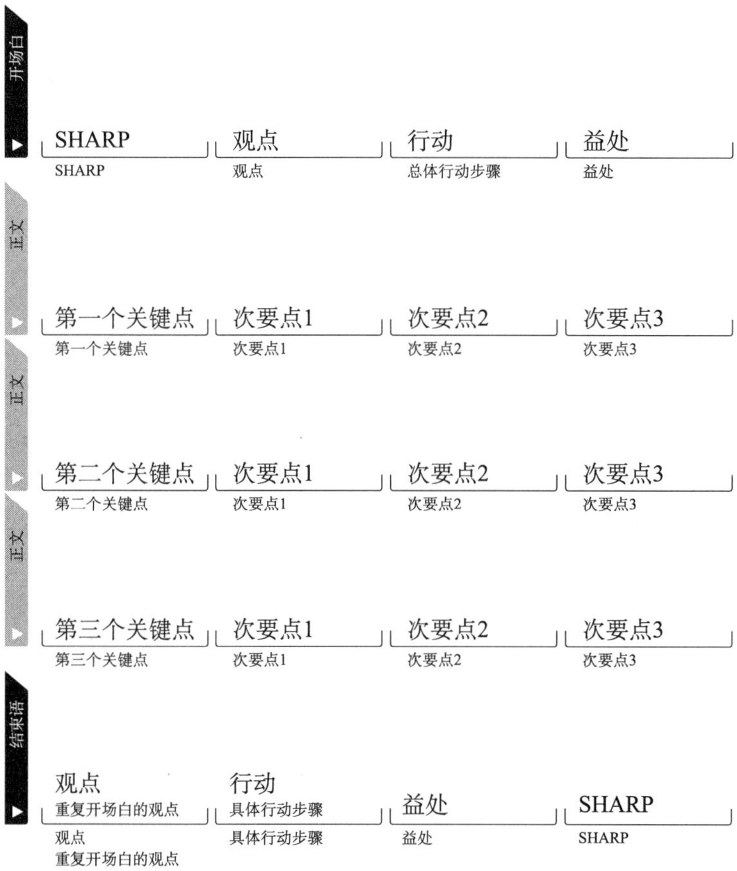

图 7—1　创作：戴克尔框架

- 我来、我见、我征服

在讲述故事的时候，“三因素法则”也能在经典的三幕剧情结构中看到，第一幕剧情是故事的设定，第二幕剧情是对峙，而第三幕剧情则是解决冲突。我们拿我们最喜爱的一部电影《角斗士》来举个例子。

第一幕。在为自己的国王成功地赢得了一场战争之后，马克西姆斯将军回到了自己的家里。但国王的儿子科莫杜斯却将马克西姆斯当作一个威胁，于是他对自己的父亲发起了一场政变，并杀害了马克西姆斯的家人。

第二幕。马克西姆斯在北非的奴隶生活中挺了过来，并作为一名角斗士为自己赢得了好的名声，之后他来到了罗马，并在那里成为了一名伟大的角斗士，深得观众的喜爱。他集结了一些支持者，并且为了罗马有更好的未来，制定出了一个推翻科莫杜斯的计划。

第三幕。马克西姆斯杀掉了科莫杜斯，罗马建立了共和国，从而也恢复了秩序。

这就是设定、对峙与解决冲突。就是这样。这部电影时长两个半小时，我们用五句话就可以概括出来。其中的关键在于我们对这种三幕剧情的结构都比较熟悉，而这为销售推介创造说服性的内容，企业组织推动变革或发布新产品，都提供了一个很棒的框架。商业推介中经常用到的类似的结构有：场景、复杂情况与解决方案，以及背景、解决方案与下个步骤。其中的关键在于将自己限制在三个关键要点上，从而避免仅仅向听众灌输信息。你需要为自己的演说内容安排最好的论据，这是必须要做的。接着，将这些论据以具有逻辑的流畅度组合在一起。然后构思你的讲话，这样你就创建了你最强硬也最重要的关键要点。

在“戴克尔框架”中的正文（图7—1中的中间三行文字），你可以看到我们为你的推介准备的框架。这个框架为你的三个最后的关键要点预留了空间（整理的一沓沓贴纸中有带下划线的标题）——仅仅只能有三个关键要点。在那些关键要点旁各有一排三个位置。你要为你的三个关键要点选择最好的作为论据的次要点（你的次要点也要从整理的一沓沓贴纸中选择）。

在你创作的过程中，你会发现“戴克尔框架”带给你巨大的自由与灵活性。你可以移动你的贴纸，瞬间就可以交换次要点，移动各种想法，并重新整理你的关键要点。

勾住他们：你演说内容的开场白是什么？

一旦你准备好了你演说内容的正文部分，我们就得回头来看看演说的开始部分，并准备你的讲话的开场白。一个好的开场白对于设定演说的格调并让你的听众有兴趣来倾听，是非常关键的。通常情况下，我们的演说内容的开始部分都不具备目标或方向，讲话人会像这样开始，“我很高兴来这里。今天我们要谈谈 X”，开场白在接下来的 2 分钟持续进行着，让观众听得很不耐烦，也让他们有理由不去关注你说的话。我们将这种开场白称为好话多多（LBOW）的那种。我们客户中的许多人都认为一开始应该慢条斯理，然后才能提问。他们会灌输信息，试图去证明他们自己与他们的提议，接着就期待听众在虚线上签字。

与此相反，我们构思的开场白要为你的演说内容提供方向，并让你的听众时刻准备要采取行动。

他们会想：“好吧，我知道他讲的是什么，而且他还会让我对此做些什么。”在整个演说过程中，你的听众将会有意地寻找证明与作为论据的资料，而如果你提供了这些资料，你的听众将很有可能按照你的要求去做，并最终采取具体的行动步骤。

你仅需要将你的贴纸从你的基础移动到“戴克尔框架”的开场白上。你要把你的观点、总体的行动步骤与益处，放到开场白上指定的位置。

结束时大声点：强势收尾

结束时声音要大，而不是发出呜咽声。在“戴克尔框架”中列出的结尾框架很容易就能创建出来，而当我们用这种方式表达之后，它将非常有效果。总结一下你的演说内容中的最重要的部分：重述你的观点（是的，就是你在开场白上用到的那个），然后分享基础中的具体行动步骤与益处。

花点时间看看你已经完成的“戴克尔框架”。你的演说内容与你的听众密切相关；演说内容专注、结构缜密、组织完善，并且以行动为导向。现在面临的重要问题是：它能令人记忆深刻吗？

我们在构思自己的演说内容时通常都不去考虑这个真理。你的听众每一天的每一个小时都充斥着新的信息，而其中有些信息却直接占有了他们本该给予你的想法、方案与提议所需的时间与关注。你的演说内容如何才能超越其他信息让人记忆深刻？在你的企业组织或行业中，你如何在充斥着想法的市场中出类拔萃？SHARPs 在这个时候就发挥着作用。

我们生活在注意力经济中。一位成年人的平均注意力周期是极短的 8 秒钟（我们仅仅比我们孩子的注意力长 2 秒钟）。这并不是说你仅能让人注意 8 秒钟；其真正的意思是你会在 8 秒钟的时间里失去别人对你的注意。SHARPs 于是变成了你的货币。

你的听众的注意力在你的演说的开始与结束时是最集中的，如果我们按注意力时间的长短来制图的话，就像图 7—2 中所示的那样。

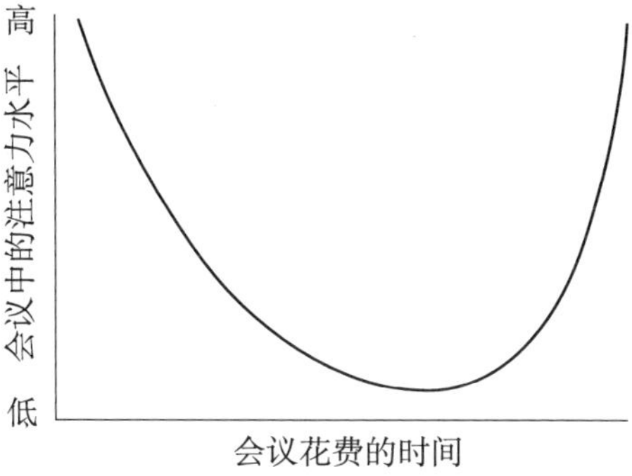

图 7—2　注意力随时间变化周期

为了调动你的听众的高度注意力，你要做的是，确保你的开场白与结束语都尽可能地让人记忆深刻；这是你插入 SHARPs 最棒的地方。在开场白中尽量运用一个故事、一个类比、一句名言或一个大的统计数据。在开场白中使用一个不错的 SHARP 能让你在最初的 30～90 秒的时间里放轻松，而这段时间是任何谈话或推介会压力最大的一段时间。

虽然你可以很自然地在演说的开始与结束时获得听众的注意力，但这并不意味着你能让他们在你演说的过程中也能集中注意力。那么就花点时间看看你的“戴克尔框架”吧，并找出你在什么地方可以添加一个 SHARP 来强调一个关键要点，或展示一份视觉图案来让你的证据更加形象。在你演说的过程中，要想使用 SHARPs 来改变注意力图表，让其与图 7—3 相似，完全取决你自身的努力。

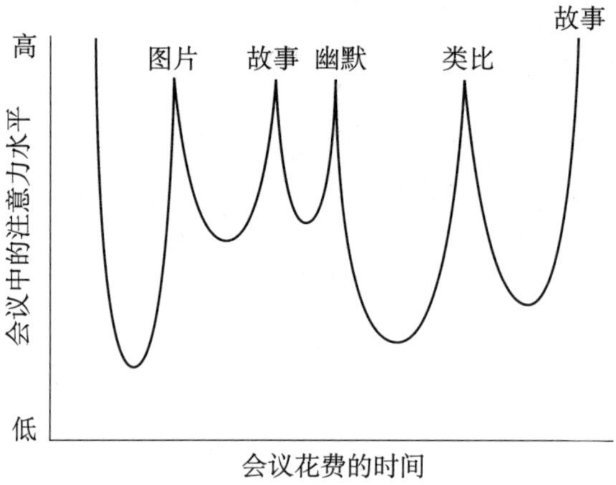

图 7—3　使用 SARPs 的注意力周期

执行中的“戴克尔框架”

让我们用例证来审查“戴克尔框架”的整个体系。凯利与一家大型能源公司的合规部总顾问和高级副总裁研究着一份演说内容，这位副总裁有幸为公司约 35 人的领导班子进行一次长达 45 分钟的强制性合规培训，但不太确定。合规培训已经在机动车部门排上日程。通常情况下，在我们的“沟通者蓝图”上，这种沟通体验仅仅被限制在提供信息区域。但我们可以做得更多！

他们没有急匆匆地进行最新的合规检查点的审查，而是进行了以听众为中心的演说，从听众开始。

第一步：基础——聚焦于你的演说内容

听众。领导班子的这些人都具有独特的思维能力，他们真正想要为公司营收做一些有益的事情，他们也非常忙，都得挤出时间来参与这项活动。

观点。“合规是非常重要的，而你一定得说明这一点。”那是底线，这当然也是公司想要他们所做的事情。“你们看看盒子里的东西，我们很快就能把所有这一切都完成。”这样的讲话，即使在最好的情况下，也只能得出“我会这样做，因为我必须这样做”的回应。我们如何能让其成为听众一次更好的沟通体验？我们如何能让他们相信其重要性，并积极地充满动力去完成它？我们得转移演说的出发点，不能以培训为出发点。相反，我们要着重关注房间里的领导班子成员。我们假设观点是，“作为领导班子成员，我们为工资制定方略。为所有事务制定方略，包括合规性问题。”那当然是一个比“合规是非常重要的”更高的感召，而且更能激励这些领导班子成员，并让他们的回答从“我必须”转为“我想要”。

总体行动。要学习一些新奇的东西。要试图让它成为关乎个人的东西。当它适用于你的团队小组时会是什么样的情形？

具体行动。仔细思考一下，你将如何与你的团队在第二季度之前完成这项工作。

益处。保护好你自己、你的团队与你的公司。免受牢狱之灾。

基础。仔细看看图 7—4，这里有贴纸便笺与所需的一切。

第二步：创造——构思你的论证观点

现在，我们怎样处理演说的其他部分呢？凯利与两位执行官将时间设定为 5 分钟，并临场有了很多的想法，即支持基础的任何东西与所有东西。他们问道：“要想让领导团队接受观点，采取行动

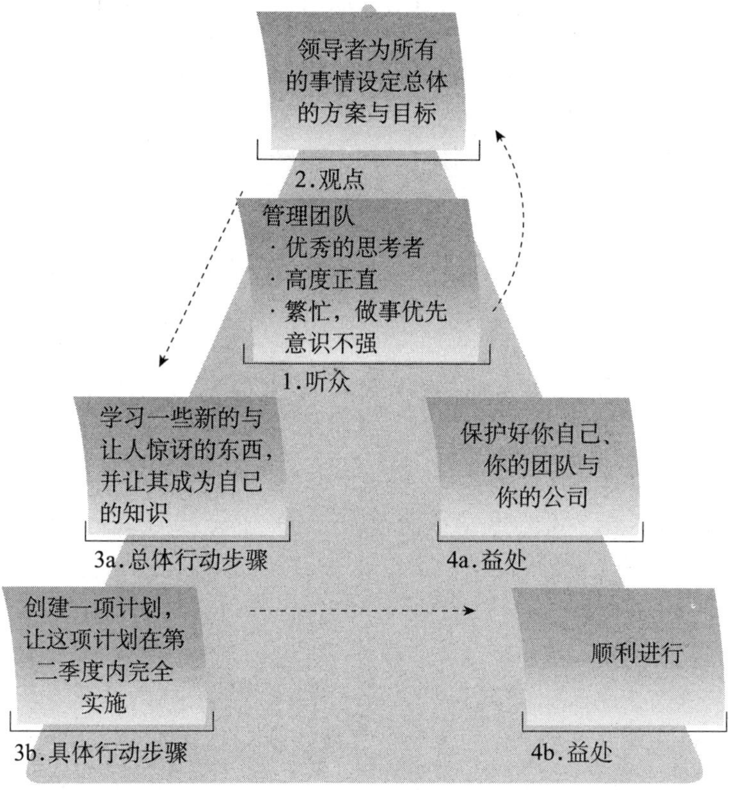

图 7—4　基础：聚焦于你的想法

并意识到益处，他们需要了解什么?”图 7—5 展现了他们的想法。

第三步：整理——组织你的想法

快速地将你的想法组织一下，将其整理为一组组想法（见图 7—6）。将一种想法识别为关键要点，并在其下方划线。将其他想法作为关键要点的支持想法。

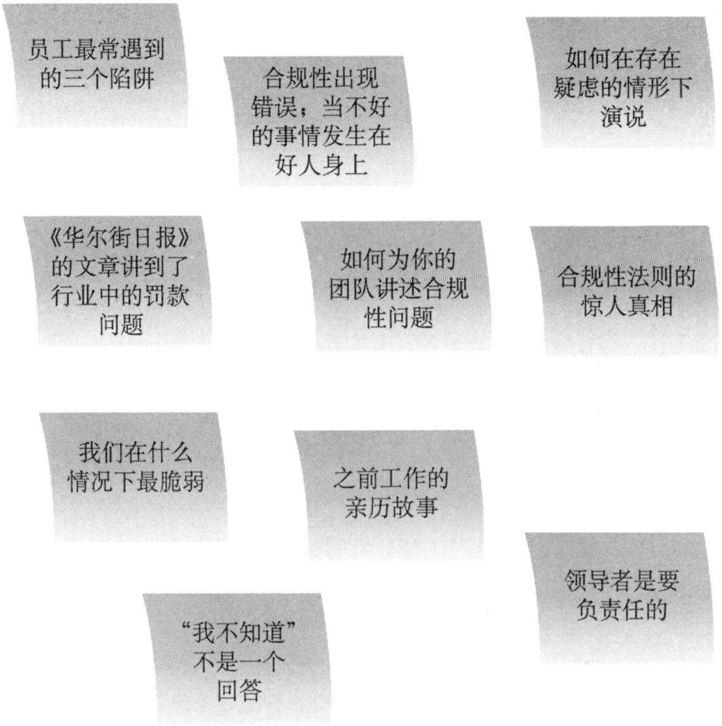

图 7—5　创造：构思你的论证观点

第四步：创作——编辑你的最终演说内容

最终的步骤是将所有的想法组织为一个逻辑构架。他们选择在一开始从大的方面谈谈合规的重要性，接着讲对于公司将要具体做的，最后才涉及个体的团队。一旦演说的正文创作好之后，他们就通过将贴纸便笺从基础投入到“戴克尔框架”，从而完成了开场白与结束语（见图 7—7）。

最后，他们对一些能被利用的 SHARPs 进行了构思。凯利鼓

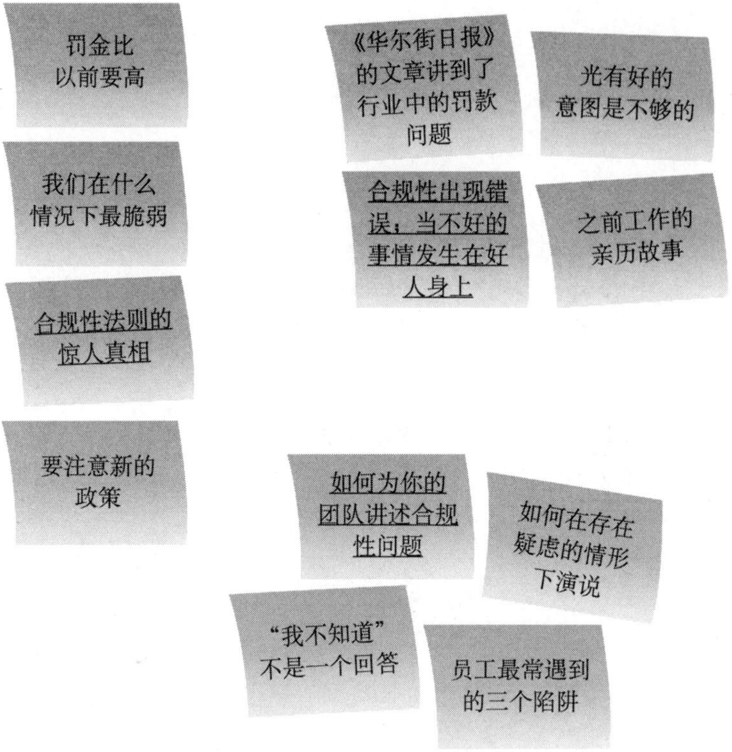

图 7—6　整理：组织你的想法

励他们要反映出他们自己的亲身经历。总顾问立即引用了一个凯利总是会用到的类比。图 7—8 显示了他们最终的“戴克尔框架”。

用“戴克尔框架”发表演说

“戴克尔框架”是用来帮助你在整个演说的过程中保持注意力集中，且保持思维组织严密。要记住，对你来说，每次过渡都选择精确的词语不是非常重要。你要能够在发挥触发功能的词语中选择一个想法，并用谈话的方式将其说出来。如此一来，你给人的印象

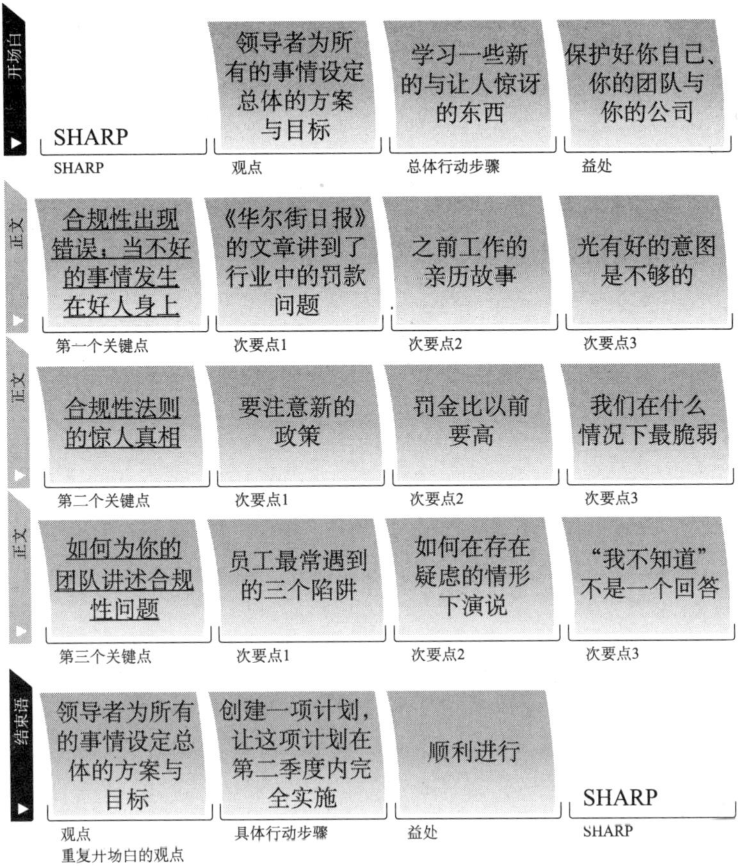

图 7—7　创作：编辑你的最终演说内容

就自然、真实，且与人产生共鸣，而不是照本宣科、僵硬且机械。

在轮到你发表演说时，你可以把“戴克尔框架”当作参照的提示使用。把它放在你面前的演说台或桌子上。在这种情况下，你不会忘记自己要说的内容，因为你不会机械地去读你的演说词；你将与你的听众进行沟通。如果你碰巧卡壳了，忘记下面要说的话，你可以快速地浏览一下你的触发词，你很快就会回到正轨，而你的听

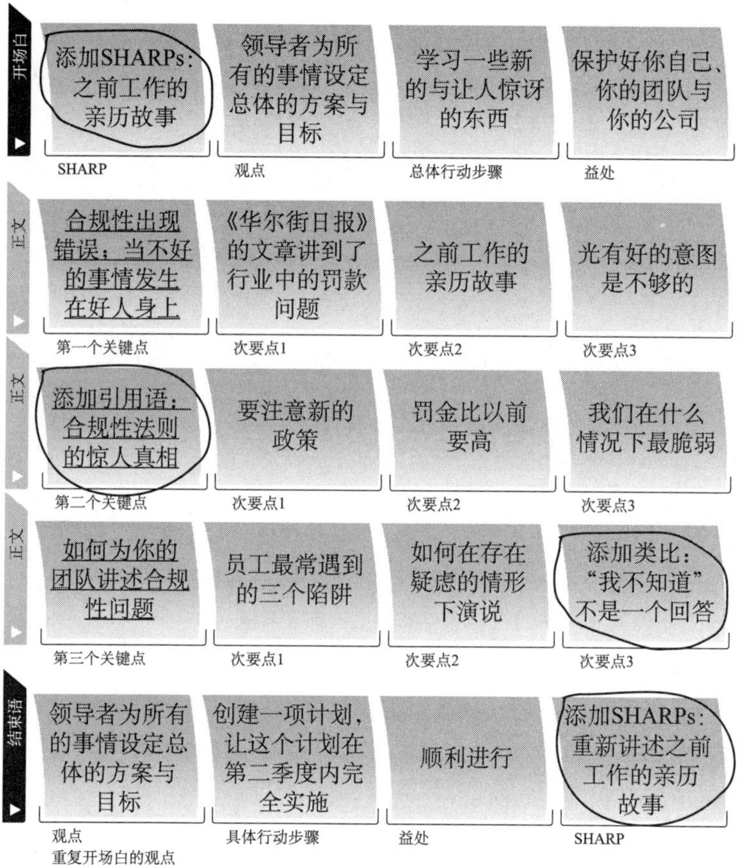

图 7—8　创作：添加 SHARPs 因素

众不会察觉到哪里出了错。

下面就是我们所讨论的合规性的例证，总顾问开始讲道：

> 我的一位导师曾经总是对我说，他作为一位领导人，他的一切行为都会被放大。就像他的嘴上安装了一个扩音器，而且聚光灯总是聚集在他的身上。作为高层领导班子，我们制定公司的运营策略。我们的每一位同事，在如何穿着，如何在会议

上行事，以及质疑一个想法时该采取怎样适当的方式，都会从我们这里获得提示。我们克服了重重困难。我们言出必行。我们参与了“行动起来”活动，我们每天都带着计步器。我们参与了志愿者项目，展现了我们对自己社区的承诺，而且我们在日常的会议中也显示出了自己的领导力。然而，有个地方我们却没能……合规。

接着，她给大家看了统计数据，也就是这个房间里的人实际上有多少人真正完成了强制性的培训！她获得了听众的注意，大家都点头赞同——在你做了一个强有力的开场白之后所确切期待的结果！

然后，合规部的高级副总裁接着演说，并过渡到了观点、行动与益处。

你们制定公司策略。领导班子的责任就是在公司高层为合规性制定策略。我们要学习让人惊讶的东西，并思考一下我们该如何具体地将这些应用到你的团队中去，并享受这一刻。放松自己。这里不是女子监狱！

他们接下去开始谈到今天要说的议程：“今天我们主要讲三个方面的事情：（1）当不好的事情发生在好人身上时；（2）你需要了解的令人吃惊的事实与各种新的方略；（3）你该采取什么方式来与你的团队沟通，来确保合规性的执行。”

在这个过程中，他们在严肃与些许幽默之间找到了平衡，与听众产生共鸣，并在最后获得了听众热烈的掌声——所有这一切都是因为他们下意识地构思并转变了沟通体验。

任何场景都能适用的“戴克尔框架”

不论你是领导一个企业组织、动员一个项目组还是筹划一个客户会议，你都会发现，“戴克尔框架”在任何场景下都具有灵活性与多功能性。以听众为中心的演说内容每次都会让你与众不同。我们在这里给大家举两个通常场景中的例子，这样你就可以将这个框架应用到你即将面临的演说活动中去。

例子：销售说辞

当我们告诉任何一位销售人员，他们可以用一种简单的工具来达成更多的交易，不管他经验丰富还是初出茅庐，他都会立即对此产生兴趣。好消息是，不论你是在推销一种产品、一种服务还是一种体验，这同样的工具都会对你的演说内容进行重新构思，且与听众联系密切——这种工具能让他们更快地采取行动。这个工具就是“戴克尔框架”。

下面是一种科技产品销售的情况：你的听众认为拥有新的科技确实不错，但他们却没有很大的动力去拥有这些科技。这个例子几乎可以适用于任何公司。要仔细分析所有这些是通过什么方式连接在一起的：观点、行动步骤、益处、关键要点与次要点（见图 7—9）。

当涉及你推销的产品或服务将如何让你的特定听众受益的时候，即使是最棒的推销说辞也会不可思议地变得粗糙。你的演说内容越具有目标性，你的听众表示点头赞同的概率就越大。而且，你

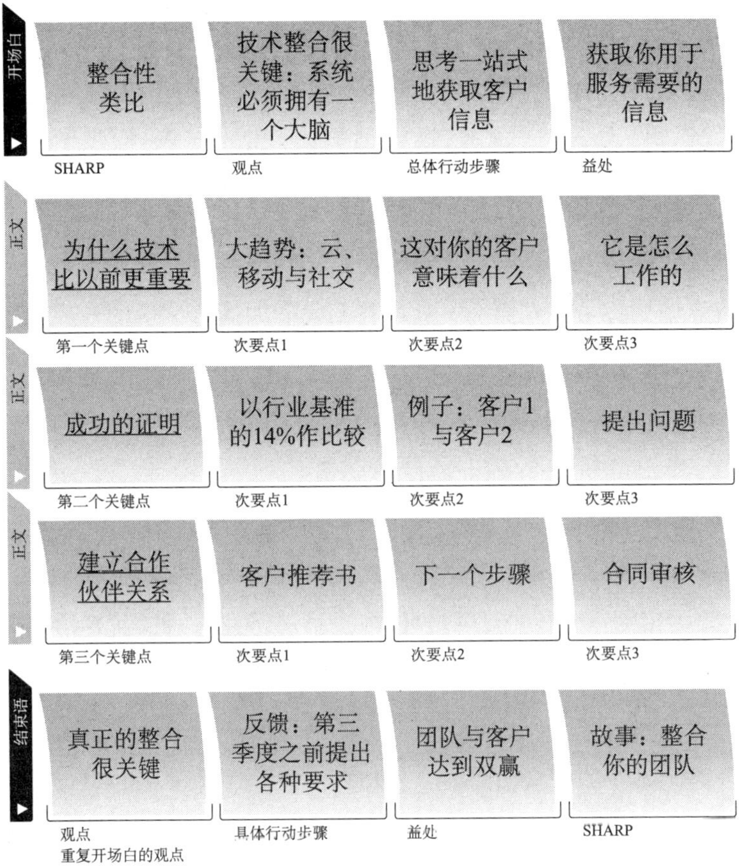

图 7—9　戴克尔框架：技术销售说辞

能够发现，在推销的过程中以听众为中心，你的客户甚至都有机会来提出疑问。“戴克尔框架”具有非凡的灵活性，你可以用这个框架独当一面，也可以用它来自由地与你的听众进行对话。

例子：工作总结

如果你在做工作总结，其目标是以其他人为中心，即以那些被审核的员工为中心。我们要考虑这个人的总体情况，同时也要审核他的思想与对他的期望。工作总结是使用“戴克尔框架”与构建你的讨论点的一个很棒的机会。

这样的演说内容对每个员工都必须要专门地去构思——要着重于他的需求、需要、目标与特性。要记住，尽管你是确定议程与制定公司策略的人，但一个不错的工作总结应具有谈话性质，而不是自言自语。你可以在图 7—10 中看到我们如何将谈话的片段构建到框架的模板中去。

摆脱讲稿

听众依赖于你说话时的条理。要以听众为中心，思维缜密，并摆脱你的讲稿。我们为你提供的观点是：转变你对沟通环境的思考方式。我们的行动步骤是：本周内进行自我检验。使用“戴克尔框架”来准备一次会议或电话会议。问问自己：我所构建的演说内容是否满足了我的听众的需要？我是否清楚地表达了我的观点，从而让我的听众接受它？我是否陈述了行动步骤，从而让我的听众在听完了我的演说之后确切地知道该如何去行动？我所提供的好处是否清楚，从而让我的听众充满热情，并受到激励？

我们能得到什么益处呢？你将变得更具有说服力、效力与影响力，而且，每一天，在每个沟通场景，你都能激励人心。

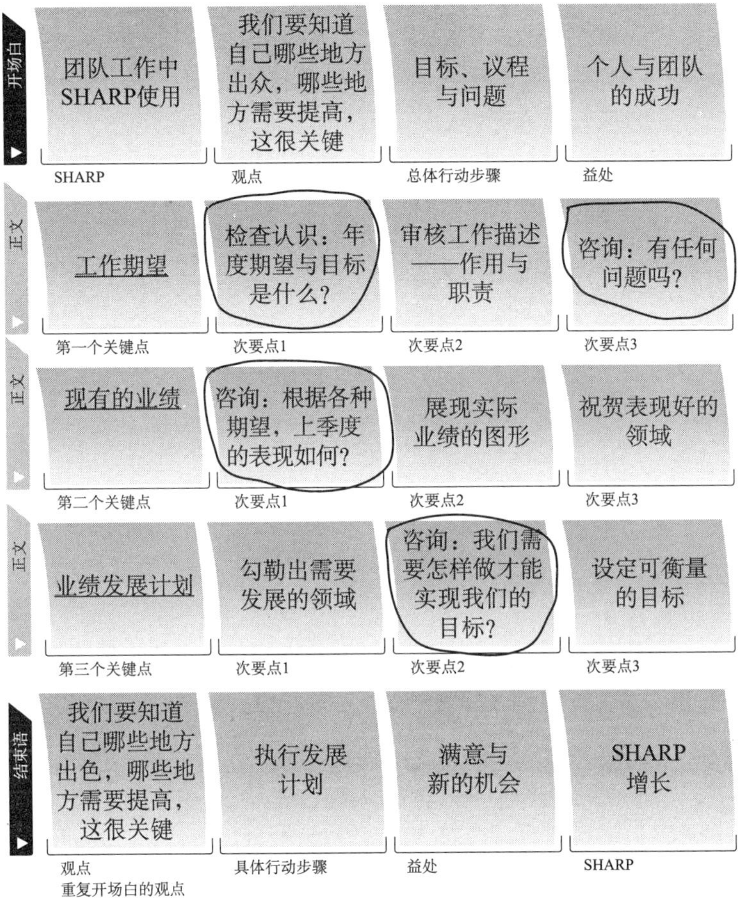

图 7—10　戴克尔框架：业绩评估

练习

看

- 留意实际生活中的“三因素法则”，包括从公司演说到电影中的三剧情框架。
- 观看与倾听那些在演说中具有谈话性的演说者，他们很有可能没有进行任何准备。
- 留意一下你在会议中注意力分散的时候。演说者采取了什么方式来让你再次集中注意力？

想

- 回想一下你最近的三次会议。演说中的观点是什么？她希望你在会议结束之后能够接受的一件事是什么？
- 在你上次参加的正式推介会上，最让你印象深刻的是什么？是 SHARP 吗？SHARP 如何帮助你记得演说内容的观点或关键要点？

做

- 使用“戴克尔框架”来筹划你的下一次演说内容。可以是会议演说、内部会议或客户推介会。
- 抓住听众的注意力！在你的下次讲话中摆脱 LBOWs，并开始使用 SHARP 的其中一种方式！

第八章　规划你的沟通体验

如果你不知道你的目的地，那么就会到达其他地方。

——尤吉·贝拉

现在你已经深深地理解，该采用什么方式去超越情感共鸣的纵轴以及演说内容的横轴，是时候将其付诸实施了：你将如何建立一种沟通体验，并将这一切综合起来？我们认识到，由于自我的缺陷，我们的位置只能处于提供信息的区域，在这个区域中，我们总是有很多的信息去灌输，有很多消息要报告，有很多最新消息要分享，或者提出很多多余的东西或问题。而当决策时刻来临之时，你会如何运用所有这些工具（让人信任的行为，SHARPs，基础与“戴克尔框架”）来建立你完美的沟通体验？你也许能在我们举例的下列情况中找到你自己。

小组讨论：从提供信息到娱乐听众

2013 年 9 月，在一次“克林顿全球倡议”（Clinton Global Initiative）会议上，有一个叫作“为影响力动员”的晨会。参会成员包括 U2 的领唱与 ONE 与 RED 的联合创始人博诺，易卜拉欣基金会创始人与主席莫·易卜拉欣，巴基斯坦苏加赋权协会（Sughar Empowerment Society）与让妇女自由协会（Giving Women Wings in Pakistan）的创始人与首席总裁卡莉达·布罗茜，国际货币基金会总裁克里斯蒂娜·拉加德，以及 Facebook 首席运营官雪莉·桑德伯格。参会者都就座了。观众都在等待中。会议的主持人是比尔·克林顿本人，但他却来晚了。

一时间，参会者都颇有礼貌地面带笑容，但在沉默中都尴尬地感觉不自在。博诺没有看自己的手表，而是借这个机会为这次会议添加了一份幽默与活力（见图 8—1）。他把麦克风递给了雪莉·桑德伯格，接着快速地跑向了空着的主持人的座位，并花一分多钟的时间模仿比尔·克林顿的样子。他刻意模仿克林顿的声调、说话方式与节奏。参会者顿时感到如释重负，并开怀大笑起来。这是一个非常好的模仿秀！很明显，博诺不是第一次即兴发挥了。而当克林顿走上台，观众已经觉得很温馨，并面带笑容。

目的地：娱乐

图 8—1

博诺的意图是什么？是沟通体验。他与房间里的人沟通，通过幽默增强了情感共鸣。我们大多数人都不会去做博诺所做的事情。

其存在高风险，也能得到高回报，值得去做。这就是我们能够学到的：在你的下次会议上，将自己的沟通体验从提供信息转为娱乐听众（见图 8—2）。

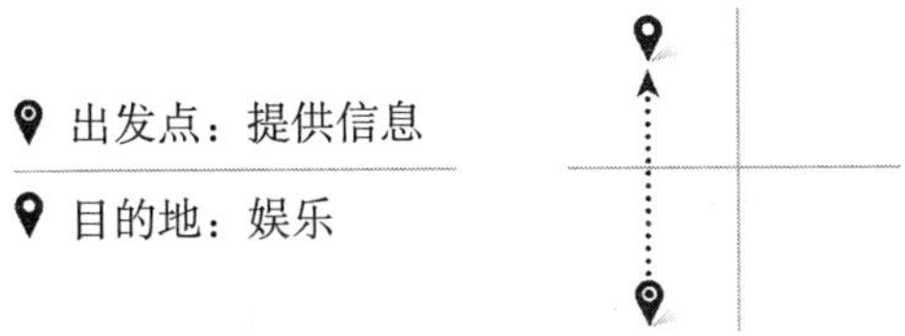

图 8—2

这次的场景是一次产业会议或活动，你作为一位行业专家被邀请参加这个会议。听众都想听听你的独特见解。这个场景是围绕你产生的，因此你不能只是坐在那里向听众灌输信息，那么你该如何增强这次的沟通体验呢？最近，在帮助两位客户准备可穿戴科技的消费者会议时，我们两人站在了相互对立的一个小组中。这种科技还处于雏形阶段，而副产品经理则极为兴奋地描述着这种科技的所有特色与功能。他们只想着谈论他们创造的产品背后的科学原理，以及所有这些部件如何协同工作。而当我们与他们进行小组实践时，似乎他们完全忘记了一个事实，那就是他们产品的全部吸引力是销售者亲身体验这种科技的方式。

我们知道他们要用高调的方式来增强其情感共鸣，从而使得他们在小组里所获得的成功让人印象深刻。你也可以做到这样。

你如何能抵达那里

为了娱乐听众并增强你的情感共鸣，你拥有两种工具：

1. 让人信任的行为。

● 用眼神创造情感共鸣。通常情况下，参会者做出回应时只是看着会议主持人，却忽略了听众。一开始是很难做好的，因为你的自然倾向是看着向你提问的那个人。相反，你要尽力地向听众望去。要思考一下 80/20 法则：要将你 80%的注意力给予听众，20%的注意力则给予主持人。要与房间里的人融为一体并产生共鸣。要连续与听众进行眼神交流，要对房间里所有角落的人投入 5 秒钟的关注。

● 开心一些！要与其他的参会者开玩笑，并挖苦他们。要表现自己亲切的一面。要面带笑容。而且不仅仅是在你做介绍时这样。我们能发现一种让人惊奇的现象，那就是当我们谈论自己的专业知识时，我们很快就会皱起眉头，并变得严肃。听众往往都会被那些拥有激情与亲切感的人吸引住。所以请释放你真实的自我。而且（是的，这里再次重复）要面带笑容！

● 用你的活力让他们持续地关注你。你坐在椅子上时身体要前倾，将你的活力释放到听众中去。在我们坐定的时候，我们的活力水平消退，因此要确保你在释放你的声音，并使用各种各样的手势来让你活力四射。很多情况下，参会者都具有自制力，而且无精打采。而当我们看起来很关心自己所说的内容时，听众们更会提高注意力！

● 当你在聆听的时候，也要注意自己的行为习惯。毕竟，你不会总是在一个专题小组上讲话。你是不是总是在玩弄手指或皱眉？你的身体姿态是否失衡？不要让人感到无聊；你的非言语行为能发挥更多的作用。你仍处于沟通体验中。（你还记得 2012 年美国副总统辩论中的乔·拜登吗？当他的挑战者做出反应时，他却不停地做出怪相，转动着眼睛，并摇着脑袋。我们确实也总是将这当作反面教材的例证。）你永远都要时刻准备着！

2. SHARPs。用逻辑来说服人是很容易做到的。在专题小组会议中，你想要证明你自己以及自己的观点，坚持逻辑的观点是很容易的。如果不让你给出一个直接或抽象的回答，你能找到一个能更好解释问题的例子吗？要随时在你的脑子中准备一些 SHARPs 策略。最好的是那些能帮助听众“看到”你所讨论的内容的具体例子。这不仅能帮助你表达得更清楚，而且在专题会议结束之后，听众还可能长时间地记得你的观点。

我们来看看讲一个故事的情况。当故事中出现了弱点时（也就是事与愿违时），就给自己一些奖励，因为这些弱点能让你增强与听众的情感共鸣。或者使用幽默，但要记住，这个时候不适合去抓住麦克风并尝试一种新的即兴演出。如果你决定超越故事本身，让其更生动真实，你要确保提高其本身的价值。

针对可穿戴科技的专题会议，我们让我们的参会者去讲故事，不单是讲故事，还有各种能够与非科学家与非工程师产生共鸣的“啊哈”时刻。他们同样也讲到了当他们骑自行车时使用这种科技的故事。当他们谈论所有具体情景时，故事就变得活灵活现了。几乎任何人都能够联想到骑自行车的经历。

参考其他小组成员所说的话。去聆听其他四位小组成员的话是让人难受的事情，但如果你能把这做好，那便是很棒的事情。如果你与其他小组成员表现出融洽的关系，这就是为你与你的听众提供了关键性的连接。你就能够借鉴他们的话，来为自己的发言添加非凡的价值与见解。如果你只是孤立想着你下面要讲什么话，你就可能会失去一个机会。

序幕：让自己的话能激励听众

又是一年的1月。同样的三天时间。同样的人们。同样的地点（维加斯）。同样的队列：首席执行官、首席财政官、销售副总裁、首席管理官与首席产品官。同样的措施，即使是新的一年有了新的主题。从“1999年我们加速前进”，到“2001年我们将超越世界”，“2007年：下一代”，“2010年的革命”，再到“2011年我们走向11”，年度主题所要激励的人从500人上升到3 000人。

以下就是典型的情形：主讲台演说，接着就是中场休息时间。这种强制参加的会议，虽然试图要进行许多事情的更新报告，但却没有什么让人记忆犹新的内容。你可以跳出这个平台，并将自己定位于激励区域，你就可以改变这种沟通体验（见图8—3）。

目的地：激励

图8—3

麦克（虚拟名）是一家软件开发公司的主打产品经理。正当他已经准备好销售推介时，他找到了我们并说道：“你看，我在麦克金斯做了多年的咨询工作，现在我们的推介工作却做不下去了。我能够驱使人们行动。但我需要的帮助是，我将如何激励我的听众?”

麦克的说话声音很棒，是那种你真正愿意去听的声音，而且他非常讨人喜爱。然而，有些事情却切断了他与听众的情感共鸣。他站着的时候总是会双手抱在胸前，而且他说话的语速真的非常快。

他还有个习惯，就是在思考的时候总是看着下面。你不会马上发现他的这些小毛病，但他却时常这样，这会分散人的思维。如此说来，麦克有点沉浸在自我的世界里。

内容方面，麦克组织得非常好，就像人们心目中的咨询师所做的那样。然而，为了将其讲话从“你必须”卖我的新软件转变为“你想要”卖我的新软件，麦克需要做的是，不要太过于强调其新的数据同步软件的特征与益处，他要为大家更多地展现该软件将如何影响更大层面的东西（见图 8—4）。

图 8—4

他将如何将其推进呢？麦克需要将其观点推进，从而让其销售团队赞同，并让他们乐于去销售其新软件。麦克需要转变到更高的层面，让人采取行动的层面。他的软件如何能够在全世界产生影响呢？

可以这样说，从小的方面来讲，该软件有助于为发展中国家提供清洁的饮用水。它同样能拯救生命，因为当病人躺在手术台上时，外科手术医生能更多地获取关于病人的必要信息。如果这还不够的话，它还能够让数据得到更有效的利用，方便孩子们上学。是的，这同一种数据同步软件能够影响医疗健康、教育与交通。

这些奇妙的解决方案让整个销售团队都觉得销售麦克的新软件是一件让自己自豪的事情。当他们讲述外科手术医生、病人与贫民区孩子的故事，以及从这个软件受益的母亲的故事时，他们能真正地觉得他们自己就是软件的一分子。当麦克分享着这些 SHARPs 时，他所详细讲述的内容让软件具有了人性，也就是说，软件能够融入到人们的生活中去。他能够让整个销售队伍都了解，他们的工作不是推销一个软件许可证，而是参与到更大的事业中。

你将如何达到目标

使用各种工具让你在“沟通者蓝图”的纵轴上攀升，并增强情感共鸣。

如果你是上台讲话的 10 或 15 位演说人之一，你将希望自己能够一鸣惊人。要强迫自己使用关于活力的所有行为工具，包括姿态、动作、手势、面部表情、声音与声调的变化，从而让你比你的同事与听众产生更多的共鸣以及让人更加记忆深刻。

用你的眼神产生共鸣。当你的听众超过 200 人的时候，我们倾向于退回到自己的旧习惯。有时候我们会扫视听众，或仅仅是着重注意听众的一个区域。要记住，关注听众里的所有人是非常重要的。要让自己的眼神凝视足足 5 秒钟，并环视房间里的所有角落。

针对演说内容，要从“以自我为中心”转为以“听众为中心”。使用基础——观点、行动步骤与益处——来让你的眼神内容能具体适用于你的听众。

选择一个观点，并始终对其不偏不倚。在首发会上，他们从很多不同的人那里听到了很多不同的事情。你让他们能够接受一个关键的东西是什么？这让我们想起了一位庭审律师说的话：“如果我说了十件事情，我等于什么都没说。如果我说了一件事情，他们就会记得它。”用这种方式来对你的下次推介会进行思考。你想让他们记住的一件事情是什么？

为真正确保你的眼神能够激励人，你需要增添一项与你的基础相关的SHARP。通过这种方式，你将能获得双重收益，即情感共鸣与以听众为中心的行动。还记得我们在第五章谈到的约翰·麦基教他的女儿用手动挡开车吗？多年来，他的团队一直都是这样做的。这就是你首发会的目标。

在首发会上激励决策者

伊娃是一家《财富》100强公司的执行官，她经常进行全国性的旅行来推广能够影响政府、政治家与决策者的方案。伊娃的沟通团队也像许多大公司那样，为伊娃的这种大范围的推广准备了直截了当与通俗易懂的标准演说内容。有个问题便是，这个团队使用了让人乏味的例子。在“任何主要城市”通常可行的同一个例子，对芝加哥的听众就不大行得通。芝加哥有着许多具有特色的东西，如深盘比萨、芝加哥捷运、芝加哥壮丽大道、圣帕特里克节的“绿河”*、无线网络门户、幼童军以及该死的最冷的冬天。如果伊娃心中有任何想要激发芝加哥人的希望的话，她就得在情感方面发挥更大的吸引力。

本与伊娃一起研究了该如何专门为芝加哥城展望未来。本问道，你发起的这项方案对芝加哥人意味着什么？它将如何影响芝加

---

* 绿色是这个节日的传统颜色，所以在这一天，酒店里卖绿色的啤酒，人们穿戴绿色的服饰，有些人甚至把绿色的燃料丢进芝加哥河。——译者注

哥？芝加哥人将会察觉到什么样的变化？他们又将如何衡量这些变化？随着对这些问题的答案娓娓道出，贴纸上也同时记录下了这些。突然，伊娃将演说内容转为以芝加哥为中心的内容。结果呢？芝加哥人民倍感振奋！通过对听众知根知底的特定事物创造情感共鸣之后，伊娃让听众思考着芝加哥的未来。当伊娃分享了自己对芝加哥的未来展望，她得到了芝加哥人民的支持。

公司大会堂：不要仅仅更新数据，更要激励听众

某个公司的员工大会在其分公司都会进行网络直播。高层执行官讲话，所有层次的员工都有机会进行提问。通常情况下，这种会议让我们极为气馁的是，会议的目标只是能够同时为所有人提供最新消息。对于公司的收入、目标、客户服务评级与用户净推荐值，公司的情况是怎样的？从根本上来讲，这个过程就是提供最新信息与衡量标准的过程。每当我们听到“更新”这个词时，我们就会直哆嗦。有没有一个更加完美的方式呢？当然有，那便是加强员工的参与度以及提高他们的主人翁意识。每个人都会倾听你所说的，所以不要错过了激励他们的机会。要给予他们可供实施行动、备受激励的东西。

关键时刻的员工大会

丹尼斯·伍德赛德是当时摩托罗拉移动公司的首席执行官，也是将员工大会的沟通体验从指导转变为激励的例证（见图 8—5）。在整个公司里，丹尼尔的名声非常大。他曾经是一名司机。他有着

严格的职业准则，绝顶聪明，凡事都抱有很高的期望。他的团队预料在员工大会上丹尼斯会对着他们嚷嚷——而且肯定会这样。

图 8—5

当时正值推出新产品的时候，新品的推出有点滞后。公司的每个员工都很疲惫。他们经历了无数加班熬夜的日子，一路上遇到重重困难，而最后期限也很快临近了。丹尼斯需要发挥指导功能，是因为前面的路还很长。他很容易就能发表一次类似于“需要做这个”与“必须做那个”的讲话。

相反，丹尼斯意识到他的讲话要更加具有激励性。那是 2013 年，芝加哥黑鹰队刚刚赢得了“斯坦利杯”。在首局 2 比 1 败北之后，黑鹰队在接下来的比赛中连胜三局战胜波士顿棕熊队，赢得了全美冰球联盟比赛最期待的奖杯。当丹尼斯对其团队成员发表讲话时，他举了波士顿黑鹰队这个例子，并认识到他的团队那时也被打败了——现在需要振作起来。他让他的团队成员将接下来的 60～90 天产品发布的关键时间当作他们的“斯坦利杯”。

在这整个过程中，丹尼斯展示了自己的亲和力（原来他也是关注系列杯赛的冰球粉丝啊!），而且他比平日笑得更多了。他用这种类比，能够建立起情感共鸣，并激起团队的希望。他们携手共进，已经能看到隧道尽头的光线了，而他们也听到“我们是冠军”反复地在耳边萦绕。

当嚷嚷达不到理想的效果时：要筹划去指导

当事情往错误的方向发展时，打一个“叫醒电话”有时是非常有必要的。如果人们对你的喜爱度高，且你与人们保持着良好的情感共鸣，那么你有时不得不着手干起来，并向他们给出指令。这种情况较为少见，我们主张，你在开始时应该通过激励的方式，而不是以嚷嚷的方式给出指令。但有时候，你需要发挥指导的功能（见图 8—6）。

目的地：指导

图 8—6

发挥指导功能的最佳时刻存在于危机管理中。试想一下，一座处于灾难中的大楼，或一次电力或电信信号中断，你的电子商务网站出了故障。这时你不需要建立情感共鸣；你只需要行动，而且需要快速行动。在这种情形下，你就要发挥指导的功能。要尽可能快地把大家凝聚起来——或在电话里，你的指导要简单干脆，要以行动为中心。告诉别人如何去做。

从数据中指导行动

我们最近与一位了不起的博士进行了接触，我们姑且称其为桑卡尔，他负责一个大型医院系统的质量与安全方面的工作。桑卡尔喜爱数据，这是很好的事情，因为他绝大部分的日常工作都是数据分析。他是整个系统的关键人物，他定期向董事委员会报告情况，而委员会则负责监控该医院连锁的安全与质量。在这些委员会会议上，桑卡尔的任务是告诉委员会与产业标准相关的连锁的数量。而他要委员会所做的事情则是尽职核对呈递给他们的资料，并能够说："我们已经做好了受托的工作。"他只是想提供他们这些情况。

为了让桑卡尔能驱动人们采取更多的行动，并将其说话内容从"提供信息"转变为"给予指导"，我们具体研究了他的演说内容（见图 8—7）。我们将其演说内容缩小，进行一次 30 000 英尺的鸟瞰。他们共同的工作，也就是桑卡尔分享的所有数字，都反映了实际的病人。桑卡尔使用了一种新的观点："我们要持续不断地加快提高我们的质量与安全的步伐。"仅仅这个观点就能表现出其动力。他没有去剖析数据要点，而是推出一个观点，一个具有牵引力的观点。这种转变使得桑卡尔的数据丰富的内容变得以其他内容为中心。所有这一切都与病人有关。以这个观点为出发点，他能够分享他所收集与分析过的数据，同时也能让这些数据驱动行动。这让董事委员会能够接触到他的数字。他让委员会去寻求更好的东西，也就是给了委员会一种能够融入的方式，而不是让他们坐在一边旁观，看着数据一页一页地消失。这不但不是仅提供信息的保守的讲话，反而是一个给出指导意见的讲话，因为它告诉了委员会成员他想要他们做什么。

图 8—7

从"提供信息"转变为"给予指导"，桑卡尔真正地经历了一个艰难时刻。而他不是唯一的有着这方面经历的人。许多进行分析工作的人——科学家、学者、金融模型师、医生，甚至牧师，信不信由你——在转变其讲话并从而影响听众的过程中，都经历了艰难的时刻。

你如何到达那里

不要依赖数字去说明什么问题，你要找到一个角度来解释你的数据与你的分析如何以及为什么能与你的听众产生关联。不论你参与一个委员会会议、发布一份研究报告、披露任何政策性的结果，还是参加一次学术论坛，具有益处的责任与行动都能让你与众不同。

挑战自我，让自己找到能让人们采取行动的至少两三处热点、参考点或行动步骤。人们能采用什么方式去使用你的数据？你的研究结果将如何改变生活，说得更具体些，将如何改变你的听众的生活？要着重研究这些，并用你的数据来为他们提供支持，而不是仅仅提供数据。

思考你的目的地

在本章，我们详述了真正的领导人——像你这样的——如何做些变动，并有意地重构他们的演说内容，从而在“沟通者蓝图”上到达不同的地点。

不管你的沟通体验如何，你都要思考一下你期望的结果。然后做好准备，确保你能够到达目的地。“沟通者蓝图”的关键在于其目的性与灵活性。使用可信任的行为与 SHARPs 的方式，你能够获得更大程度的情感共鸣。你要去练习，这非常重要。要转换你的视角。

要花更多的时间去重点关注你的听众，并酌情安排你的演说内容。你想为你的听众创造怎样的沟通体验？

练习

看

- 观察在下次会议中主持会议的人。在会议结束时，要了解那个人创造了怎样的沟通体验。
- 有些领导者做出了出人意料的事情并处心积虑地转变沟通体验，正如博诺在“克林顿全球倡议”会议上使用让人意外的幽默的方式，要从这些领导者身上学习从“提供信息”转变为“娱乐听众”。

想

- 重新审查自己的中心要点，也就是第四章提到的各项能让你在未来的表现中与众不同的技能。思考一下你会改变的具体行为。

做

- 对自己进行视频录像。筹划你所创造的沟通体验。如果你能够再进行一次沟通，你将改变什么？在哪根轴上你需要付出更多的努力：情感共鸣或演说内容？
- 看看你下周的日程。规划一下参与的每一个活动：比如周二的会议、周四的员工会议与周五的客户见面会。
- 在工作过程中更多地展现自我。展现自己脆弱的一面，并增强你的情感共鸣。

第九章　事半功倍的沟通者

如果你不去做一些疯狂的事情，那么你做的事就是错误的。

——拉里·佩吉

我们面前总是会有一个新的目的地去筹划，一种新的沟通体验去创造，一群新的听众去鼓励，也有一种最终的结果去转变，也就是将听众的回答从“好吧，我会做的，因为我必须做”转变为“算我一个！因为我想要去做”。

这需要我们花工夫。你的努力会得到很好的回报。在这个总结的章节中，我们将把这一切都编织起来。

首先，你必须识别机会。其次，你必须利用这个机会。你需要郑重承诺，并展现出应有的勇气。最后，你必须勇于承担责任。这是一个繁重的工作。做好准备吧！

识别机会

1961年5月25日，约翰·肯尼迪在国会宣称："我们这个国家，在十年内，应该做出达到一个目标的承诺，那就是送一个人登月，并让他安全地回到地球上来。"

吉姆·科林斯与杰瑞·博拉斯在《缔造永恒》一书中，将肯尼迪的这种展望作为一个例子，他们将其称之为"宏伟、艰难与大胆的目标"——这个目标太冒险、太极端而且太大胆，能否成功是存在疑问的，然而就是这种使命的危险性让那些承诺目标的人充满活力，并受到鼓舞。柯林斯与博拉斯写道："对1961年登月计划的成功概率的最乐观的科学评估是50%，而实际上，大多数的专家……对这一成功的概率更为悲观，这种胆大冒险的承诺，在当时是骇人的。"

我们能成功吗？没有人知道。事实上，这个目标可能完全无法实现。然而，肯尼迪对此的展望却俘获了美国人具有想象力的心。

这次伟大的沟通机会是极好的。肯尼迪对此颇为了解；他懂得且识别了这个机会——并将其牢牢地抓在手中。他仅仅使用其作为美国总统的权力去指导工作，是远远不够的。为了赢得美国人支持这个"宏伟、艰难与大胆的目标"，他必须对其目的地进行筹划来创造一种"激励人心"的沟通体验，而且他每一次都要重新构思其演说内容。为了能够与大学以及医疗卫生中心这两类不同的听众产生共鸣，他将如何转变沟通体验？他每一次将如何改进其演说内容，从而让其听众受到鼓舞从而采取行动？他将如何让他们的态度从"我得到了命令，我必须去做”转变为“算我一个！我想加入进来”？

1962年9月12日，肯尼迪在美国得克萨斯州休斯敦市的莱斯大学发表了一次最伟大的演说。他需要与听众产生情感共鸣，把听众放在演说的中心，而不是他自己。他着重强调了在空间战中击败苏联的愿望，从而让自己在“情感共鸣”的纵轴上得以攀升。而对于美国公众来说，他的讲话让他们有了最大的动力。他惊人地攀升到了“沟通者蓝图”的右上方，并创造了一次“以听众为中心”的演说：

> 我们所有人都要面对太空的危险。太空值得全人类尽最大的努力去征服，而且和平合作的机会可能永远不会重来。但有人问，为什么选择月球？为什么选择登月作为我们的目标？那他们也许会问，为什么我们要攀登最高的山峰？为什么要在35年前飞越大西洋？为什么莱斯大学要与得克萨斯大学竞赛？

听众里莱斯大学的学生的情绪沸腾了起来。这个就是“以听众为中心”的演说内容。最后我们发现，肯尼迪在最后一刻拿莱斯足球做了参照，接着在他的事前准备的打印稿上匆匆地做了修改（见图9—1）。

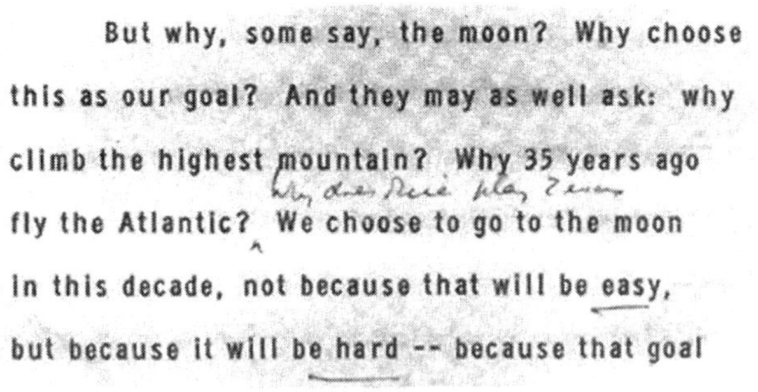
But why, some say, the moon? Why choose
this as our goal? And they may as well ask: why
climb the highest mountain? Why 35 years ago
fly the Atlantic? [Why does Rice play Texas] We choose to go to the moon
in this decade, not because that will be easy,
but because it will be hard -- because that goal

［译文］

> 但有人问，为什么选择月球？为什么选择登月作为我们的目标？那他们也许会问，为什么我们要攀登最高的山峰？为什么要在 35 年前飞越大西洋？［为什么莱斯大学要与得克萨斯大学竞赛？］我们在这个十年里选择登月，并不是它很容易，而是因为它将会很困难——因为那个目标……

图 9—1　肯尼迪对演说稿的修改

资料来源：1962 年 9 月 12 日约翰·肯尼迪在得克萨斯州休斯敦市莱斯大学的演说。总统办公室文件。

莱斯大学历史学教授道格拉斯·布林克里在该演说十五周年庆上进行了回顾：

> 肯尼迪的讲话成为了全美报纸的头条新闻……肯尼迪给美国纳税人提出了一个要求，即美国宇航局需要一笔 54 亿美元的预算。肯尼迪同样将登月的这份工作与休斯敦联系了起来，其采用的方式足以让休斯敦本地人感到震惊。“我们会面了，在一个以知识闻名的大学、在一个以进步闻名的城市以及在一个以力量闻名的州，”他讲道，“而且现在我们需要这一切。”肯尼迪在那天真正做得棒的是，他将登月计划描述为出于美国国家安全的需要能起到推动作用。

肯尼迪通过沟通推动了在八年的时间里才能够做出的登月努力。他的演说也展现了私有与公共部门成千上万希望完成不可能的任务的努力。1969 年 7 月 20 日，美国东部时间下午 4 点 18 分，阿波罗 11 号登月舱登上了月球荒芜的表面。任务完成了。

即使人类可以穿越时间，我们也知道你可能不会准备为整个国家讲述有关登月的事情。因此现在，你要识别你身边的种种机会。好的沟通方式能够鼓励与动员听众，并产生效果。不论你是在为你的同事推荐新的方案，为你的客户举行推介会，还是同你的孩子安排一次公园游玩，你都拥有改变其他人思维方式、转变他们观念以及驱动他们行动的机会。让他们参与进来，你就会变得与众不同。讲话内容具体些，他们就会记得你说的话。让他们做一些与众不同的事情，他们会感谢你。而只有在你抓住从“提供信息”转变到“产生影响力”，然而飞跃到“激励听众”时，一切才能开始。

具体实施

肯尼迪伟大的沟通时刻牢牢地固定在激励区域。他自然地与听众产生共鸣，并创造了这种让人记忆犹新与意味深长的沟通体验，你可能会认为，他的这种能力是与生俱来的。

让人惊讶的是，在政治素质方面，肯尼迪并不总是一个具有魅力与说话清楚的领导人。正如约翰·巴恩斯在《约翰·肯尼迪论领导力》中所写的：

> 在观看其早期的一次电视讲话时，我们可以发现，肯尼迪那时动作笨拙，说话很不自然，简直就是一个稚嫩的年轻人在解释自己在为政府工作的一天里所开展的那些模糊与初步的计划。观众们不会用“魅力非凡”这个词来形容他。

很明显，瘦高而行动笨拙的青年肯尼迪缺乏言语的流畅与老于世故的魅力，而在之后这却成了他的专利。那么，明显缺乏魅力的肯尼迪是如何成为20世纪最伟大的演说家之一的呢？转型领导力理论家罗纳德·E·瑞吉奥解释说，肯尼迪特意学习了他在20世纪30年代好莱坞电影明星身上发现的个人魅力。瑞吉奥写道：

> 约翰·肯尼迪年轻的时候，就对个人魅力的概念非常着迷，特别是电影明星拥有的那种个人魅力。于是，肯尼迪与一位叫查尔斯·斯鲍尔丁的朋友一起来到了好莱坞，会见了将要扮演总统的荧幕偶像。
>
> 两个人连续几天徘徊于好莱坞的夜生活里，近距离接触了加里·库珀、克拉克·盖博以及其他一些明星……斯鲍尔丁回忆道："个人魅力当时还不是一个很流行的词，但杰克却对这些荧幕明星所拥有的吸引力非常感兴趣。那么它确切是什么？你如何能获得这种能力？它对你的私人生活能产生影响力吗？你如何能让其为你带来益处？他无法放弃对它的追求。"

现在，我们不会建议你搭下一班飞机去好莱坞，去寻找伟大的沟通方式。我们会建议你将你已经学到的东西付诸实施。要像肯尼迪一样，认识到建立强烈的情感共鸣的重要性。将其与"以听众为中心"的演说内容相结合，就等同于你"激励"的沟通体验。现在，就去寻找你身边的伟大的沟通方式的例子。做一场好的演说、与人一对一地产生共鸣与激励听众的能力，是一种可以通过后天学习的技能，你在我们讲的这些章节中也能够发现。约翰·肯尼迪发誓要提高自我的能力。这些让他成为一位伟大与具有吸引力的领导人的技能，你也触手可得。你只是需要自我承诺，要不断地成长与提高自我。

天生的沟通者

天生的沟通者是不存在的——这对我们来说确实是一个好消息！然而，掌握你所创造的沟通体验不是一个与生俱来或后天学习的问题。斯坦福大学心理学家、《思维模式》的作者卡罗尔·德维克认为，不论你拥有固定的或成长型的思维模式，它都是你为自己采取的观念，这种观念能够影响你接触外界与对外界产生反应的方式，这些外界的事务包括你在考试中的成绩太差，未能获得工作职位的晋升，以及教育自己的孩子。

如果你具有固定的思维模式，你相信你就是你，而你能完成的一切都存在界限，因为那就是你的本质。这种信念不会让你凡事无动于衷。德维克讲道，相反，这种信念“让你心存一种紧迫感，从而反复地去证明自己”。你的品质是不变的，因此你最好能证明你所具有的一切都是非常好的东西。

相反，如果你具有成长型的思维模式，那么你的核心信念则是你能够通过努力工作来改变自我；你也具有学习与成长的激情。德维克指出，成长型思维的人会认为：“在我完全可以做得更好的时候，我为什么要花时间反复去证明自己的伟大?”你具有那种持续提升自我的惊人的冲劲，这也是伟大的领导人让我们喜爱的地方。如果你在读这本书，那么你就可能已经站在成长型思维的阵营中了。

吉姆·科林斯发现，在他的著作《从优秀到卓越》一书中研究的颇有成就的公司中，成长型的思维模式是成功的关键因素。这些伟大的公司都由科林斯所说的第五级领导人领导，这些领导人“将自我的谦逊与强烈的职业意志相结合”。他们成长型的思维模式让他们完全专注于进步——与伟大的人交往，不断尝试新方法，并从错误中吸取教训。

如果你具有固定的思维模式（这没问题；我们中的许多人都具有这种思维模式，因为这都是我们早年造就的），好消息是你可以改变这种思维模式。德维克领导的研究团队为一群初中学生教授了成长型的思维概念，如“你的大脑是可以发育的肌肉”，之后这些学生在数学成绩上取得了惊人的进步。对他们进行了一些训练之后，这些孩子的思维模式发生了变化，他们之前的固定思维模式会说“我的数学很不好”，现在他们会说“我能行”——而他们确实做到了。

不管你是成长型的思维模式还是固定的思维模式，提高你的沟通能力都需要你付出努力，且要有适当的勇气，从而让你离开舒适范围。当我们初次遇见埃尔尼·萨多时，他是克里斯塔斯医疗保健系统的首席运营官，并刚被选定为该系统的主席与首席执行官，而这个系统覆盖了美国 7 个州与墨西哥的一部分，计有 40 多家天主教医院与医疗保健中心，价值达 50 亿美元。按照公司安排，他要在一个月之内上任就职，而他想要提高自己的沟通技能。私底下，他很自信，与别人交情不错，也很受人喜爱，但对于更大的群体与更多的听众，他觉得自己无法与他们产生共鸣。在这些场合下，他会站在演说台后面，读着打印好的演说稿，几乎不会与听众进行眼神接触。埃尔尼参与了我们针对执行官的培训，很快他就掌握了我们在本书中谈到的影响力原则。

埃尔尼告诉本：

> 在我参与戴克尔培训之前，我会一字不漏地写出我的演说内容，接着我会把演说稿交给我的助理，而他则会将其整理并打印出来。然后我会逐字逐句地发表我的演说。这方面我做得不差。我偶尔也会与听众进行眼神接触；我时不时地也会脱稿。但我作为演说者，我不会激励听众。我总是用打印好的演说稿进行演说，因为在 20 多年里，这是我所见到的所有商业领袖发表演说的方式。我们总是这样进行演说，而我不知道什么其他的方式。我只是认为，“好吧，这就是你应该做的事情。”
>
> 但随着我在克里斯塔斯晋升到首席执行官的位置时，我意识到首席执行官是这个系统的代言人，因此具有良好的沟通能力是衡量一位首席执行官成功与否的首要指标。我不想继续去做我以前一直做的事情。我知道与听众进行沟通是我的一个弱点，因此我下定决心要纠正这个弱点。

几周之后，埃尔尼的信心得到了巨大的提升。正当他准备向公司的高层领导层（大约有 250 人）发表自己的第一次重大演说时，他还是情不自禁地看了看打印演说稿的“安全毯”。但埃尔尼承诺要与他过去的方式彻底地决裂。

当埃尔尼·萨多走上演说台时，他没有携带任何的演说稿——他仅有的是有着几张贴纸的戴克尔框架，这能让他发自内心地演说。在没有打印演说稿的情况下，他能够与听众进行眼神接触。他讲述着各种故事，并就克里斯塔斯健康系统的未来提出了让人兴奋的前景——他成功了！就在那天，埃尔尼·萨多成为了一位能激励听众行动的领导人。

尽管埃尔尼拥有能驱动他进步的成长型思维模式，但他所接受的指导却没有让他成为不一样的自己。相反，我们对他的培训让他掌握了工具、技能与原则，从而让他成为了他一直想要的真实的、具有效率与影响力的沟通者。他发现，他能够与听众产生情感共鸣，赢得他们的信任，将他们的热情转变为行动——而他仍是真实的自己。

埃尔尼具有的自我意识，让他能够识别自己在“沟通者蓝图”上创造的沟通体验不是他想要的或是他需要的。他同样具有尝试新方式的勇气。通过展示自己真实的一面，他学会了激励人们。

真实性：你自然的自我

我们的目标不是培养一群使用同一种方式做手势、总是微笑以及投射自己声音的沟通者。那不是影响力，那只是同一性。我们的目标是让你展现出自己内在的强大力量，并在每一个沟通场景中都能出类拔萃，正如埃尔尼那样。我们的一位朋友给我们讲了一个故事，是关于她看着自己的丈夫在一次会议上面对一大群听众演说。她无法相信她亲眼所看到的——她认识的那个男人，在与朋友相聚以及在球场上指导孩子们时是那么亲切、睿智、自信与开朗，突然间却表现得如此拘泥与死板。她说道：“这是怎么了？他好像失去了灵魂一般。”在现实中，他确实有点这样的倾向。他失去了自己的真实的一面。他相信，如果让人们严肃地对待自己，那么他也得表现出严肃来。他中规中矩，没有表现出自己自然的兴奋。如果不具有那种激情，他就无法与听众产生共鸣。

展现自我真实的一面。伟大的哲学家希奥多·苏斯·盖奈（也就是苏斯博士）说过："今天的你是你，这是比真相更加真实的东西。这个世上没有人能比你更像你自己。"真实性决定一切。要想想放松休闲——在你的后院烧烤——的你是怎样的人。你对你的笑容是否具有自我意识？你会担心你的动作会太大或者说话的声音太大吗？你在做出每个动作时会提前做准备吗？你会保证你对你的朋友所说的一切都是提前写好的吗？当然不会。你就是你。

2009 年 5 月，喜剧演员杰·雷诺将美国全国广播公司（NBC）《今夜秀》的火炬传递给了柯南·奥布莱恩。一开始，柯南表现得很强劲，但之后《今夜秀》的评级呈自由落体式下跌。2010 年 1 月，NBC 给柯南支付了 3 300 万美元让其离开，并重新让雷诺回到了《今夜秀》。2014 年，NBC 再次替换了杰·雷诺，这次是被《周六夜间直播》与《午夜》同事吉米·法伦所替代。据许多媒体评论员预测，法伦与柯南一样，是注定要失败的。他们表示，法伦那过于前卫的风格不会迎合《今夜秀》中老年观众的喜好——他们还表示，法伦之前《午夜》节目的核心观众，不会追随法伦去收看一档更早时间的节目。

媒体评论员们未考虑的是吉米·法伦所具有的一种特殊品质，一种称为信任的品质。成功的电视人总是那些观众觉得能够信任的人——从沃尔特·克朗凯特（被称为"美国最值得信任的人"）到奥普拉再到约翰尼·卡森。如果观众信任你，他们会邀请你到他们家里做客——而吉米·法伦正是那种诚挚、真实与值得信任的人。如果说在《今夜秀》上仅仅展现自己有趣的一面就能成功的话，柯南·奥布莱恩就可以获得极大的成功——但柯南有趣的一面却让人觉得是在挖苦，时常还会让人觉得刻薄（也就是说，那是不会被信任的品性），相比之下，法伦的表现给人的印象是谦逊、迷人与真实。

Slate 媒体评论员维拉·帕斯金评论说：“法伦的吸引力在于他的投入与活力：他就是一位展现喜剧真情的大师。”她同样察觉到了法伦的“终极好人品性”的真实性。Variety 电视专栏评论员布莱恩·罗瑞写道：“法伦给人的印象是，他极为迫切地去取悦于人，而且他在《今夜秀》上的表现就像是时刻准备被别人邀请到家中做客。”

罗瑞是在对法伦提出批评，但他实际上却着重强调了法伦的成功：吉米·法伦“时刻准备被别人邀请到家中做客”——正如同克朗凯特、奥普拉与卡森。他时刻准备着被人们信任——而他使用“好人”的真实性赢得了观众。他甚至在首次亮相时谦逊地请求获得观众的信任。“如果你们能让我表演的时间更长一些，”他说，“也许我就能做得好一些。”他当着工作室里观众的面感谢自己的粉丝，谈论自己的妻子与女儿，向父母致敬，他从整体上展现出了自己的亲切与观众共鸣。在整个过程中，他赢得了观众。

真实性能让人信任，而信任则赢得观众。如果你想取得成功，如果你想发挥领导的作用，那么就表现自己的真实性，展现真实的自我，并展现“最好”的自我吧！

只是展现真实的自我。这听起来很容易，对吧？呃，我们知道这并不容易，因为还有很多人（比如我们朋友的丈夫）就不会展现他们的真实性。我们从另一个角度来看这个问题可能会对我们有所帮助。幸福生活酒店集团创始人与《情感等式》的作者奇普·康利提出了另一个思考真实性的方式——如下所示的等式。

真实性＝自我意识×勇气

2014年，我们有幸请到了奇普在我们公司开年的首次会议上讲话，我们让他跟我们讲讲这个等式。但首先，他陷入了回忆，并给我们讲述了一个故事，是关于最开始让他产生灵感写下这本书的东西："2008年8月19日，我的心脏停止了跳动。就在我在讲台上举行完商业发布会之后，我休克过去了。监控屏幕上的平行线……那就是我的生命的最终归宿。对于我的心力衰竭，医生们找不到医学上的解释。"

很幸运的是，奇普的身体完全恢复了，但那种亲身经历，加上个人的悲剧与面临的商业调整，让他进入到一种"情感崛起"的状态中。他开始寻找答案。在进行了大量的研究与阅读之后，他创建了一套情感等式，来帮助自己获得对自己的前景、社会关系与人际关系深层次的理解。这帮助他渡过了难关，之后他才将这个情感等式向其领导团队进行了公布。

奇普还记得，当时的大萧条拖垮了整个酒店业以及其他行业，那时幸福生活酒店的领导班子"都陷入绝望之中，没有任何对策"。他回忆说："我们在圣克鲁斯的'梦幻餐厅'碰面。我的整个团队都在那里，而我本该站出来，发表一次激奋人心的演说，来面对这一年的各种大难题。但所有的事情却都不大对劲。尽管我担心自己会表现出弱点，但我还是决定谈论自己脆弱的一面与担忧，于是我将我的等式推荐给了我的团队。我得到的回应让人不可思议。我的整个团队都松了一口气，就好像每个人又突然能够呼吸了一样。"领导班子产生了共鸣，这是以前没有的。从那一刻起，奇普开始对幸福生活酒店的员工讲解情感等式。

在那一刻（也许他还没有意识到），奇普论证了真实性等式。

他意识到了自己面临的困难，他寻找着其意义，而且他用了足够的诚实与勇气分享了这些。他说道："诚实与勇气都是很重要的。拥有自我意识却不具有勇气意味着你知道你自己是谁，但世界上的其他人都不知道。拥有勇气却不具有自我意识只是能够表现你的大男子气概。因此这是一种多重应用的等式，因为这些情感的融合——不仅仅是它们的增添——能够创造真实性。"

你如何能够提升你的自我意识？通过审视自我的内在与良心的过程中，你就能有所裨益。我们不会在这里讨论这个问题（尽管我们都是学心理学的），所以就让我们来权衡我们外部的最好的资源：反馈。

凯文·杜兰特是幸运的人。汤姆·布拉迪、史蒂夫·纳什、维纳斯·威廉姆斯、米斯蒂·梅·特伦诺与德鲁·布里斯也是如此。这不仅仅是因为他们是职业运动员，而且因为他们经常寻求别人对自己的反馈，并对这些反馈做出回应。如果你不知道你在人们心目中的情况，你如何能不断地提高自我？

反馈：通向自我意识的道路

以下是你能够得到的三种反馈：

1. 人的反馈。使用 3×3 法则。识别三种需要保持与三种需要提高的因素。你在哪些方面做得好并应该保持（这些是要保持的东西!）？哪些是需要投入更多努力的（需要提高的）？在你每次做完推介会之后，根据3×3 法则让 5 个人给予反馈。

2. 用视频录下你每次做的推介会（更方便快捷的方式便是用你的智能手机录像）。当你看着并听着这些视频重播的时候，根据3×3法则写下你所观察到的东西。

3. 抓住一切机会给自己录音。上次你是什么时候听自己的语音留言？（在许多情况下，你可以按＃键重听你的语音，在你认可之后再发出去。）要对会议、商业/董事会演说进行录音。你不用听完所有的录音——你只需听上10～30秒的时间，你就能了解到哪些好，哪些不好，哪些特别糟糕。

反馈能够让我们建立自信，也能让我们丧失自信，这取决于我们获取反馈的方式。我们期待能够展示最好的真实的自我，而不是展示我们最神经质或最受压迫的一面。因此要确保你所得到的反馈是具有建设性的。同样，要确保反馈的平衡。我们的本性总是会特别注意负面的反馈。要确保在你注意负面反馈的同时，也要认识到你取得的进步！我们一直以来给我们的客户反馈，我们同样会让我们的团队成员定期给我们反馈。仔细看看图9—2显示的本最近得到的反馈。

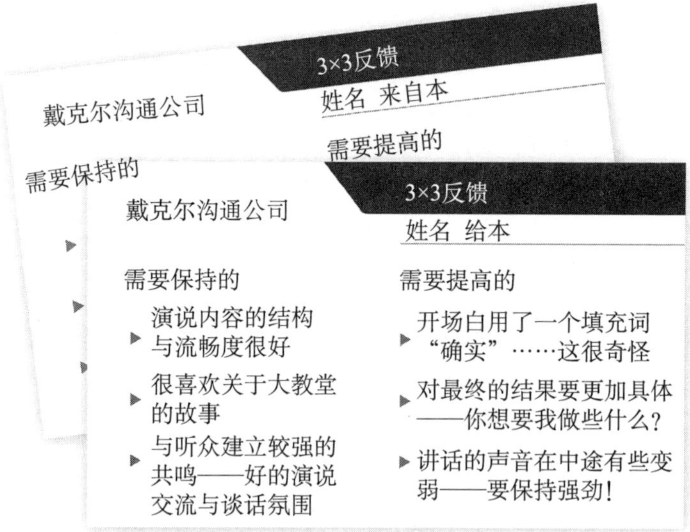

图9—2 本最近得到的反馈

嘿，如果你从头到尾地在读这本书，你就是在证实自己的自我意识。问题是，你是否有勇气拒绝听取自欺欺人的谎言并改变自我？

谦逊的自信：金发女孩效应

对于一些能够在谦逊与自信之间找到平衡的人而言，他们有着惊人的吸引力。他们急速地攀升到情感共鸣纵轴的顶端。他们能够激励与驱使我们。我们对他们的回答从“我必须”转变为“我想要”。

我们这里找一个参考点，请闭上你的眼睛并想象一下纳尔逊·曼德拉的形象。他正在微笑吗？他当然在微笑。你永远不会认为他这样是傲慢的表现。他很强硬，很自信，但他的成功却取决于他温和的性情。他的声音与面容都展现出了能量，他整个人也非常体贴——即使在他讨论严重与沉重的话题（如种族歧视、残暴行为与贫穷问题）时也是这样。他谦逊的自信在民众的心里建立了影响力，并激励着别人去行动。从他的初次公开演说到他最后一次演说，他都能让自己的演说内容着重于其他人，而不是自己的成就。与此同时，在审时度势与对公正的不懈追求下，曼德拉谦逊的自信让他不仅在南非，而且在全世界也成为了一位可信的领导人。

让人信服的行为告诉我们如何展现我们温和与能力出众的一面。如果展现的温和过度，你就成了一位唯唯诺诺的人。而展现的能力过度，你就会变得自负与目空一切。在这两者之间有个很好的地方，金发女孩会说这个地方“恰好合适”。这种能力要求我们展现自己的自信，而没有傲慢，自我表现谦逊随和，同时也展现自我的力量与能力。我们将这种特别的品质称为“谦逊的自信”。

20 世纪早期，美国电话电报公司的执行官罗伯特·K·格林利弗发明了“公仆领导力”这一表述来描述谦逊自信这种特别的品质。格林利弗曾说过，一位具有谦逊自信的公仆领导人“想要服务，第一时间为你服务……从而确保其他人最紧要的第一需求得到满足”。许多世纪前，中国的老子在《道德经》中写到了关于伟大领导人的谦逊的自信：“统治者的最高境界是那种其存在几乎无法让人察觉的人……智者都是谦逊的……当他的工作完成，事情做完之后，所有的人都会说，‘我们成功了！’”

一位谦逊的领导人不会总是说“我我我”，他会调整其观点，并着重于其他人。谦逊的自信能让人充满活力，而不是让人相形见绌。这不是“我说了算”的问题，而是需要共同协作。这激励着其他人也能站出来，发挥其主观能动性。一位谦逊的领导人能让步，并接受其他人的更好的观点。在谷歌公司，两种共存的现象是谦逊与主人翁意识。“你参与其中能感受到责任感，能具有主人翁意识……你的最终目标是，‘要解决问题，我们能一起做些什么’，”谷歌公司人事部负责人拉斯兹洛·博科描述道，“我已经贡献了自己的一份努力，接着我就让步。”

这在戴克尔也是备受重视的品质。用谦逊的自信去领导是我们的核心价值观之一，这种价值观持续不断地提示我们的团队向着情感共鸣的纵轴上攀升。以下是我们的说法：我们知道我们是专家——是沟通培训领域里最棒的。但我们的自信具有特殊性，因为我们的谦逊与之相辅相成。谦逊的自信让我们抛开自我，让我们先服务他人。我们造福于他人，而不是我们自己。我们非常重视我们现在这种被人信任的状态。我们知道伟大的沟通者与戴克尔的团队成员是后天成长起来的，不是天生的，所以我们尊敬并敬仰每个人的身份。我们都从某个地方起步，我们展现自己的弱点来鼓励与激励别人。

谦逊的自信作为领导力与有效沟通的一个关键因素，不只是一个好的观点。据研究员珍妮·普赖姆与提升领导效力分析研究中心的伊丽莎白·萨利博报道，谦逊是伟大领导人与有效演说者成功的秘密武器。他们就演说、会议与一对一的面谈中如何展现出谦逊与温和，提供了一些建议：

● 让你的错误成为你吸取教训的时刻。那些能够展示自我缺陷与错误的人，让人感觉更“人性化”，更像我们一样。

● 参与对话，而不是辩论。运用谦逊的另一种方式是真正地参与不同的主题观点。

● 接受不确定性。当领导人谦逊地承认他们无法回答所有问题时，他们就为其他人提供了站出来并得出解决方案的空间。

● 带头成为一位“追随者”。能包容的领导人让人有动力发挥主观能动性。普赖姆与萨利博得出结论道：“一位无私的领导人不能被误以为是软弱的表现。一个人要想展现自我的谦逊，需要极大的勇气。”

改变习惯意味着持续提升自我

对于我们培训过的领导人，我们对他们的近况进行跟踪，并时常对其进行了解。我们会问：“怎么样了？我们讲的那些原则对你还有用吧？”我们经常得到的回答却是：“呃，我最近真的还没有很好的机会发表演说。”每次听到这种回答的时候，我们就感觉自己的肚子挨了一拳似的。

实际上是不存在真正意义上的私下讲话！诚然，我们并不总是有正式的讲话机会，但我们所有人每天都能够与人沟通多次，每周的每一天都是如此。因此，我们总是在与人沟通，而我们每天都能够实践这些原则。即使我们只是在电话里或办公大楼的前厅与人谈话，我们都能够意识到我们为听众所建立的沟通体验。

实践这些原则的目标是什么？很简单，那就是让我们的每一天都过得更好。来自圣基茨和尼维斯联邦的奥运田径运动员金·科林斯讲道：“不求完美，但求持续不断的进步。”那么，你将如何循序渐进地持续增强你的影响力呢？

位于美国加利福尼亚索拉纳海滩的戈登国际培训机构的创始人托马斯·戈登博士，识别了在任何技能中都存在的一种因素，他称之为“能力的四阶段”。正如我们学习骑自行车或弹钢琴，这四个阶段同样适用于我们的沟通行为与习惯：

阶段 1：无意识的能力缺失。大多数的商业沟通者都属于这种情况。关于沟通，我们一直在对自己讲一些自欺欺人的谎言，而我们并不知道我们的能力缺失真正达到了什么程度（或者说，我们不知道在为听众建立什么样的沟通体验）。我们很乐意维持现状，那是因为我们不知道我们所不了解的东西。

阶段 2：有意识的能力缺失。这是我们了解自己不足的出发点。我们认识到自己的各种技能不足以获得想要的结果，也意识到需要改变自己的习惯或获取各种新的技能，从而填补我们目前的现状与我们想要达到的目标之间的空隙。通常情况下，我们不会这么做，直到某些让人尴尬的错误或缺陷迫使我们认识到自己的局限性（在我们的培训课程中，当我们按下参与者的视频录像上的“播放”键时，这就会发生）。

阶段 3：有意识的能力出众。我们懂得自己想要建立什么样的沟通体验，且我们在发表演说时会非常留意，并刻意为之。在这个阶段，我们做正确的事情（好哇!），但我们的行动却让人感觉不自然。这些仍是需要我们刻意去做的有意识的步骤，而不是自然的习惯。

阶段 4：无意识的能力出众。这是一种涅槃的状态，你甚至都不用对其加以思考。由于我们进行了所有的实践，并经过了反复的练习，你的那些不具效力的习惯都被有效的习惯取代了。这成为了你的第二天性。

每一位沟通者的目的，当然就是达到阶段 4，即无意识的能力出众。正如在驾驶手动变速汽车时，你甚至不用去想换挡或去踩离合器，或是当巴斯特·波西（我们也是旧金山巨人队的粉丝）扔掉他的捕手面具去接一个界外球时，就很有必要就沟通技能建立肌肉记忆了。但在我们达到那个目的，也就是到达一个我们不必去思考自己所作所为的最终目的之前，我们必须首先了解，作为沟通者，我们现在所处的位置在哪里。

如果你能够运用“沟通者蓝图”，有目的地去建立沟通体验，你就能够取得很大的进步。起初，你可能会成为一位更优秀的沟通者，但很快你就会发现自己在组织中成为了一位很好的领导者，在你的婚姻中成为了一位更好的伴侣，成为了你的孩子的更好的父亲/母亲，成为了你的朋友的一位更好的朋友。

但要记住，你所做的一切都不是为了你自己。你的前方有更大的目标。你必须在一个全新的层面上激励别人。

付诸实施

在尼尔·阿姆斯特朗成功登月 10 个月之后，阿斯特罗·泰勒在英格兰的剑桥出生了。虽然他的出生距上次阿波罗登月行动已有数十年，但阿斯特罗·泰勒却继续延续着肯尼迪登月思考的传统。泰勒的正式职位是谷歌 X 的“登月舰长”，谷歌 X 是谷歌公司的秘密创新实验室，其工作则是完成那些看似不可能完成的任务，如无人驾驶汽车、互联网气球、可穿戴电脑、葡萄糖检测接触棱镜。谷歌 X 的登月行动就是科幻电影《够疯狂》的版本。

泰勒从那次登月行动上受到了鼓舞，他说道：“约翰·肯尼迪说过，我们选择登月，不是因为这项行动容易完成，而是因为它非常困难……肯尼迪知道这种挑战的困难程度实际上能鼓励人们：那种更大的挑战创造了激情。”

遗憾的是，当今的“登月思维”是有所欠缺的。我们中很少有人具有追求“宏伟、艰难与大胆的目标”的胆量。很少的组织会具有登月的想象力与勇气。泰勒说道，与此相反的是，我们中的大多数总是会在事情的现有基础上提升 10%。在沟通技能上，我们中的大多数人也是如此表现的。我们认为：“如果我能提升 10%，别人能够注意到，那已经够好了，我也就心满意足了。”但登月思维试图要做的是提升 10 倍，也就是 1 000%。这也是为什么泰勒将“登月思维”称为“10 倍思维”。他解释道：

> 通常情况下，在现有基础上提升 10 倍要比提升 10%容易得多……因为当你努力提升 10%的时候，你不可避免地要着重于现有的工具与假设……但当你的目标是 10 倍的回报时，你依赖的将是大胆的设想与创意——从字面上与深层次去理解，也就是登月的那种思维……而且，从反思维的角度来讲，你可以难以置信地更容易完成最困难的任务。

要是你想成为 10 倍的沟通者呢？要是你能够提升你与听众的共鸣，能用 10 倍的回报激励他们呢？你每天会使用什么样的影响力？

泰勒接着说，人口问题“呈指数增长”，即以指数的曲线增长与翻倍。传统的 10%的思维模式不足以应对人口问题的快速增长与快速扩散。我们需要 10 倍的思维模式，需要尽可能多地使用这种模式，来应对我们在 21 世纪所面临的复杂的调整。

登月思维不会总是牵涉到科技。泰勒说道，1930 年的“食盐进军”（莫罕达斯·甘地发起的对英国在印度统治的非暴力税收抵制）与美国的人权运动（表现在金博士的 10 倍演说《我有一个梦想》中）都是“社会性的登月活动”。登月思维模式处理的都是大问题，提出激进（甚至不可能）的解决方式，收集一些能表明激进解决方案不那么疯狂的证据，并进一步拿出激情、想象力与毅力去解决问题。

泰勒希望我们了解，登月思维模式不仅仅适用于美国加利福尼亚山景城秘密实验室里的精英知识分子们。“我们所有人都能够为最难处理的社会问题提出解决方案，”他接着说，“我们能够武装自己的思维，让登月思维不只是一个偶尔才有的思维，而成为思维的习惯。”

我们的世界今天所面临的问题需要我们使用登月思维模式。但如果不进行最大程度的沟通——10倍的沟通——那种思维的一切都会付之东流。伟大的沟通者不去讲述他们的故事，各种想法都无法存在与发展。

沟通的能力是转变别人的思维模式的能力。这是在大规模范围内产生影响与行动的力量。我们没时间谨小慎微。现在是时候释放我们内在的力量了，释放那种与身边的人沟通好的想法的力量。让我们成为10倍的沟通者吧，让自己从“提供信息”转变为“产生影响力”，建立信任、吸引注意力以及激励听众。你拥有开始这一切的工具。

“沟通者蓝图”为你指明了方向。筹划你的目标，然后向着情感共鸣的上方攀升，并向右进入到“以听众为中心”的区域。要着重关注你的听众，不论你的听众是一个人还是一百人。不要再相信那些自欺欺人的谎言，不要再依赖你的“安全毯”，即你准备好的演说稿、讲词提示器。要用让人信任的行为与人产生共鸣。使用“戴克尔框架”来进行脱稿演说，并在整个过程中添加一两项SHARP。

你可以用你的沟通力来推销你的产品与服务，激励你的销售团队，为你的学生燃起对学习的热爱，为你的价值观游说并吸引选民加入到你的事业中来，你可以做很多很多。你应该用你的沟通技能去获得你个人的、职业的与事业的目标。

但为什么要在那里止步？

为什么不用这些技能与原则为你的慈善事业集资数百万美元呢？为什么不用你的沟通技能为那些受虐待、被忽视与受剥削的孩子们找到人生的意义呢？或者将你的社区凝聚起来去对抗贫穷呢？或是激励你的交谈同僚养育与领养孩子呢？你身边的人都想要参与到更大的事业中——他们渴求被你激励，期待被你鼓舞。现在是付诸实施的时候了。

正如肯尼迪总统所说的那样，我们做这些事情并不是因为它们容易做，而是因为它们很难完成。你所付出的努力是值得的。如果你实践你所学到的东西，你就能达到你的目标。

你已抵达目的地。

但我们的旅途还未到达终点。我们希望，你将持续不断地探索、提高并挑战自己的沟通影响力。你将用全新的视角发现更多的机会。提供信息、娱乐与指导是不够的。要激励！

致谢

致戴克尔沟通公司的创建人，博尔特·戴克尔与德博拉·戴克尔。三十六年前你们所制定的对未来的蓝图已经永远地树立于激励荣誉厅，并继续改变着人们的生活。我们很荣幸将其传至今日。

致母亲德博拉，感谢你在每个指导学期中赋予我们的精神生活。不论学期只有一天或十分钟，每位客户都会觉得他们备受关怀与鼓励。

致父亲博尔特，谢谢你的信任，你给予我们的挑战，以及你对我们的工作所表现的无穷的活力与激情。在我们所做的一切中，我们感受到了你的信任、智慧、指导与爱的护佑。

致我们的戴克尔家族：你们是变革者，你们转变了不尽如人意的商业沟通！你们凭借着谦逊的自信发挥着领导作用。你们建立了人与人之间的关系。这都是你们的功劳。你们为我们持续不断的进步树立了榜样。我们的客户发来的有关你们的邮件将让我们永远受益匪浅。感谢你们每天都用活力与对沟通的热爱激励着我们。

致我们的营销主管，同时也是一位婚姻咨询师丹尼·加恩科洛：感谢你用“我想要”来回答我们的要求。你用你的想法、活力、小点心与超人的能力将受激励的思想转变为本书的一个故事，对于这一切，再多的感谢也是不够的。

致我们的客户：感谢你们在整个过程中感到不自在，承担风险，成为伟大的沟通者，并回来学习更多的东西。你们给我们提出的种种挑战，给我们压力，我们在这个过程中的分分秒秒都是幸福的。

致维维恩妮·斯霍尔与詹妮弗·斯克里弗勒：你们用自己的设计激励了我们！感谢你们将我们所有的想法用视觉的方式表达出来，也谢谢你们为本书贡献了如此多的精彩的图表。

致吉姆·邓尼：感谢你在本书撰写的过程中给予的帮助。你所说的话与所做的研究使我们的著作不再杂乱不堪。

致我们的家人与朋友们：谢谢你们提出的想法与建议，以及你们的修改。感谢你们给我们的批评、鼓励与爱。谢谢你们说出“那是没问题的”“孩子们会很好的”以及“我们非常自豪”。你们的每句话、每一封电子邮件、想法与祈祷都激励着我们，我们对此深表感谢。

最后致我们的孩子们，杰克逊、约瑟夫与克里斯多夫——这不仅仅是一次感谢：我们爱你们。谢谢你们在百忙之中抽出空来，我们度过了很愉快的时光，留下了珍贵的家庭记忆：我们钓鱼、游泳、滑冰与徒步旅行；在大山中，在海滩上；我们骑着小摩托、骑着自行车、骑着马；在临时的棒球场、在足球场与篮球场上无处不在。

Ben Decker，Kelly Decker

Communicate to Influence：How to Inspire Your Audience to Action

0071839836

北京市版权局著作权合同登记号：01-2015-5054

图书在版编目（CIP）数据

怎样沟通才有影响力：用语言激发他人行动/（美）本·戴克尔（Ben Decker），（美）凯利·戴克尔（Kelly Decker）著；施铁译. —北京：中国人民大学出版社，2017.5

书名原文：Communicate to Influence：How to Inspire Your Audience to Action

ISBN 978-7-300-24277-4

Ⅰ.①怎… Ⅱ.①本… ②凯… ③施… Ⅲ.①人际关系学-研究 Ⅳ.①C912.11

中国版本图书馆 CIP 数据核字（2017）第 056452 号

怎样沟通才有影响力

用语言激发他人行动

［美］本·戴克尔（Ben Decker）
凯利·戴克尔（Kelly Decker） 著

施铁 译

Zenyang Goutong Caiyou Yingxiangli

出版发行	中国人民大学出版社		
社　　址	北京中关村大街 31 号	**邮政编码**	100080
电　　话	010－62511242（总编室）		010－62511770（质管部）
	010－82501766（邮购部）		010－62514148（门市部）
	010－62515195（发行公司）		010－62515275（盗版举报）
网　　址	http://www.crup.com.cn		
	http://www.ttrnet.com（人大教研网）		
经　　销	新华书店		
印　　刷	涿州市星河印刷有限公司		
规　　格	148 mm×210 mm　32 开本	**版　　次**	2017 年 5 月第 1 版
印　　张	7.125 插页 2	**印　　次**	2018 年 2 月第 2 次印刷
字　　数	153 000	**定　　价**	39.00 元